W0173020

WALFISCH
ERIDANUS
WIDDER
Plejaden
STIER
PERSEUS
Kapella
FUHRMANN
Aldebaran
Betelgeuze
ORION
Rigel
HASE
TAUBE
Sirius
GR. HUND
Kastor
Pollux
ZWILLINGE
KL. HUND
Procyon
KREBS
Regulus
HINTERDECK

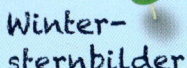

Susanne und Thorsten Dambeck

Welcher Stern ist das?

entdecken · erkennen · erleben

KOSMOS

Impressum

Mit Illustrationen von:

Wolfgang Lang: S. 10, 12, 14 u.l., 36 m., 78 u.r.; Michael Schlegel: S. 47 u.; Gunther Schulz, Fußgönheim: S. 8, 9 u., 11, 12, 13, 14, 15, 16, 17, 18, 20, 21, 22, 23, 24, 25, 26, 27, 28, 29, 30, 31, 32, 33, 34, 35, 79 o., 80–81, 82–83; Sigrid Walter: 6 m.; Gerhard Weiland, Köln: U2–S. 1 (Sternkarte), 11 o.r., 38 u.l., 41 u., 43 o., 49

Mit Farbfotos von:

350z33/en.wikipedia: S. 76; Ansiaume/Wikipedia: S. 23 m.r.; ARC/SDSS: S. 29 u.; Stefan Binnewies, Much: S. 10 u.l.; Thorsten Dambeck: S. 7 u.r., 30 o.r., 79 u.r., 86, 88 u., 89, 90, 91; Andrea Dupree (Harvard-Smithsonian CfA), Ronald Gilliland (STScI), NASA, ESA: S. 19 r.; Jessie Eastland aka Robert De Meo, Wikipedia: S. 84; PD-USGov/NASA: S. 45 u.l.; ESA/DLR/FU Berlin (Neukum): S. 51; ESA, J. Mai: S. 73 o.l.; ESA/MPS/DLR/IDA: S. 45 m.r.; ESA/NASA/JPL/Univ. of Arizona: S. 55 u.; ESO: S. 2–3, 66; ESO/L. Calçada: S. 67; ESO/F. Kamphues: S. 68–69; g-konzept.de/fotolia.com: S. 9 u.; Toni und Daphne Hallas: S. 15 m.; jailbird/Wikipedia: S. 49 u.; Hinode JAXA/NASA/PPARC: S. 44 o.r.; HST Comet Team/ NASA: S. 53 o.r.; igorfp/fotolia.com: S. 78 m.r.; Ischlueter/Wikimedia: S. 77 m.; E. Karkoschka, Univ. of Arizona/NASA: S. 56 o.; Bryan Katz: S. 48 r. (Jahreszeiten); W.M. Keck Observatory: S. 69; Kosmos Archiv: S. 48 u., 62 u.r.; Henryk Kowalewski/Wikipedia: S. 60 m.; Ralf Kühnemann/Wikipedia: S. 36 u.; Jo Lomark/shutterstock.com: S. 78 o.r.; Davide De Martin/ESA/ESO/NASA: S. 26 u.; 2Mass/UMass/CalTech/NASA: S. 14 u, 19 o.l., 20 u.r., 23 m.l., 34 u.; NASA: S. 46 u.r., 54, 55 o.l., m., 63 u., 72 u., 73 o.r., 85 m.l.; NASA/Apollo17: S. 40 u.; NASA/R. Bebe, A. Simon: S. 52; NASA/CXC/SAO/ M. Karovska et al.: S. 61 u.r.; NASA/ESA: S. 57 u.l.; NASA/ESA/Aura/CalTech: S. 25 m.; NASA, ESA, and G. Bacon (STScI): S. 85 u.r.; NASA/ESA/S. Beckwith/STScI/Aura: S. 65 o.; NASA, ESA, Marc W. Buie (Southwest Research Institute): S. 57 o.r.; NASA, ESA, Andrew Fruchter (STScI), and the ERO team (STScI/ST-ECF): S. 22 u.l.; NASA/ESA/HubbleHeritage Team (STScI): S. 65 u.r.; NASA/ESA/E. Olszewski, Univ. of Arizona: S. 62 o.; NASA/ESA/STScI: 20 o., 21 o., 24 u., 50, 88 o.l.; NASA/GSFC: S. 46 m.l.; NASA/Harvard-SmithonianCenter: S. 18 u.; NASA/HubbleHeritage Team: S. 17 u., 27 m.; NASA/ JPL: S. 56 m., 58 o.r., 87, 96–U3; NASA/JPL-Caltech: S. 35 r., 64 m.r., 71 o.; NASA/JPL-Caltech/Malin Space Science Systems: S. 71 u.; NASA/JPL/Univ. of Arizona: S. 53 u.; NASA/JPL/USGS: S. 44 m.l.; NASA/PL: S. 40 o., 43 u.; NASA/PL-CalTech/ ESA: S. 36 o.; NASA/Ruffnax (Crew of STS-125): S. 70 u.; NASA, STS-127: S. 72 m.; NASA/STScI//Aura: S. 33 u.; NASA/Univ. of Arizona/CalTech: S. 32 m.; PD-USGov-Military-Air Force: S. 70 o.; PD-USGov/NASA: S. 37 o.l.; Sigmund Pettersen: S. 47 o.; Sakurambo/Wikipedia: S. 37 o.; Claude Schneider, en.wikipedia: S. 41 o.; Science & Society Picture Library/David Nunuk (mit freundlicher Genehmigung von Dorling Kindersley): S. 77 u.; N.A. Sharp, REU-Programm/NOAO/AURA/ NSF: S. 62 m.l.; Raimond Spekking: S. 16 o.; Raimond Spekking / CC-BY-SA-3.0: S. 74 u.r.; Starkenburg Sternwarte e.V.: S. 75 o., u.; State of Alaska: S. 13; Willibald Steffen: S. 7, 39 m.; Two Micron All Sky Survey (2MASS) project: S. 14 m.; Tranquillium Photography/Planetarium Hamburg: S. 74 u.l.; Univ. of Tokyo/AXA: S. 59 o.; US Navy; Joshua Valcarcel: S. 42 u.; Luc Viatour/Wikipedia: S. 38 m.l.; VLA, NRAO: S. 68 m.l.; Martin Wagner: S. 60 o.r.; M. Weiss, CXC: S. 61 o.

Trotz gewissenhafter Bemühungen ist es dem Verlag nicht gelungen, alle Rechteinhaber zu finden. Wir bitten diese, sich gegebenenfalls mit dem Verlag in Verbindung zu setzen.

Umschlaggestaltung von Init GmbH, Bielefeld unter Verwendung eines Fotos von Roman Gorielov/fotolia.com (Junge), eines von panic_attack /iStockphoto.com (Hintergrund) und eines Fotos von tharrison/iStockphoto.com (Großer Wagen).

Mit 6 Symbolen (Bär, Sonnensystem, Galaxie, Teleskop, Stern, Raketen) von Sigrid Walter, Würzburg

Unser gesamtes lieferbares Programm und viele weitere Informationen zu unseren Büchern, Spielen, Experimentierkästen, DVDs, Autoren und Aktivitäten findest du unter **kosmos.de**

MIX
Papier aus verantwor-
tungsvollen Quellen
FSC® C015829
www.fsc.org

Gedruckt auf chlorfrei gebleichtem Papier

© 2013, Franckh-Kosmos Verlags-GmbH & Co. KG, Stuttgart
Alle Rechte vorbehalten
ISBN: 978-3-440-13810-6
Redaktion: Dr. Heike Herrmann, Jana Raasch
Gestaltungskonzept: Britta Petermeyer
Satz: Walter Typografie & Grafik GmbH
Produktion: Verena Schmynec
Printed in Italy / Imprimé en Italie

Haftungsausschluss:
Alle Angaben in diesem Buch erfolgen nach bestem Wissen und Gewissen. Sorgfalt bei der Umsetzung ist indes dennoch geboten. Der Verlag und die Autoren übernehmen keinerlei Haftung für Personen-, Sach- oder Vermögensschäden, die aus der Anwendung der vorgestellten Materialien und Methoden entstehen können.

Inhalt

Hallo liebe Sternenfreunde!

Ein funkelnder Sternenhimmel ist ein tolles Naturschauspiel. Wer diesen Anblick nicht nur genießen, sondern sich am Himmel auskennen möchte, braucht ein wenig Hilfe. Denn die Sterne machen es einem nicht immer leicht: Sie wandern die ganze Nacht über den Himmel und sind jede Nacht an einer etwas anderen Stelle zu beobachten. Da sie jedoch zueinander immer gleich stehen, wie eine Tapete, die langsam vorbeizieht, kann man sie mit ein wenig Übung und ein paar Tricks leicht erkennen.

Sterne finden leicht gemacht

Die Farbleiste am oberen Rand der Seiten ermöglicht dir eine schnelle Orientierung im Buch. Die Farben geben an, ob du die Sternbilder, die in einem Kapitel besprochen werden, zum Beispiel das ganze Jahr über sehen kannst oder am besten im Winter oder im Sommer. Außerdem wird jedes Mal erklärt, wie du ein Sternbild findest. Wenn du wissen willst, wie die Sternbilder zueinander stehen, kannst du das auf den Übersichtskarten (Seite 80 und 82) sowie auf der Himmelskarte vorn im Buch sehen.

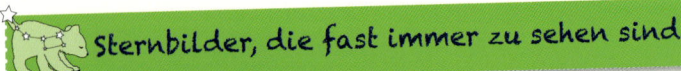
Sternbilder, die fast immer zu sehen sind

Wintersternbilder

Sommersternbilder

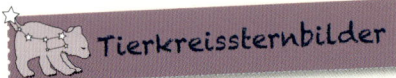
Tierkreissternbilder

Wichtige Informationen zu Sonne, Mond und Planeten stehen im Kapiteln mit der roten Farbleiste. Sonnen- und Mondfinsternisse sind spektakuläre Himmels- ereignisse, die jeder leicht beobachten kann. Hier werden sie erklärt, ebenso wie die Mondphasen. Auf den letzten beiden Seiten des Buches findest du übrigens eine große Abbildung des Sonnensystems.

Das Sonnensystem

Unter der hellgrünen Farbleiste gibt es für besonders Wissbegierige weiterführende Themen, wie zum Beispiel „Exoplaneten": Das sind Planeten, die fremde Sterne umkreisen (Seite 66). Das Kapitel „Menschen erforschen den Weltraum" hat eine dunkelblaue Farbleiste. Hier erfährst du etwas über die Raumstation ISS, über Satelliten und die Mars-Rover.

Für Wissbegierige

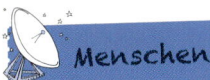
Menschen erforschen den Weltraum

Neu in dieser Auflage ist das Kapitel „Mach mit!". Hier findest du wichtige Tipps zur praktischen Sternbeobachtung. Lies unbedingt nach, wann und wo du am besten die Objekte am Himmel erkennen kannst und welche Ausrüstung hilfreich ist – oder wusstest du schon, dass Handschuhe, Taschenlampe und ein paar Kekse zur Grund- ausstattung jedes Sternenfreunds gehören? Außerdem werden hier Experimente erklärt, die du leicht selbst machen kannst, wie zum Beispiel die Mars-Atmosphäre im Kleinen nachzubauen. Zum Schluss lässt du sogar deine eigene Rakete fliegen.

Mach mit!

Außerdem findest du in verschiedenen Kapiteln noch folgende Zeichen:

Nach dem Symbol **Stern** steht, was an einem Sternbild besonders ist und wodurch sich seine Sterne von anderen unterscheiden. Hier gibt es auch spannende Extra-Infos zum Beispiel zu Exoplaneten, Teleskopen, Satelliten oder der ISS.

Neben dem Symbol **Rakete** steht eine Entfernungsangabe. Du kannst ablesen, wie weit das genannte Himmelsobjekt von uns entfernt ist. Bei den Sternbildern wird meist der hellste Stern genannt. Auch für unser Planetensystem und andere besondere Himmelskörper findest du hier Angaben.

Je nachdem, ob das Himmelsobjekt Lichtjahre, Lichtminuten oder noch näher, nämlich Lichtsekunden entfernt ist, ist ein anderer Stern eingefärbt.

Lichtjahre   **Lichtminuten**   **Lichtsekunden**

Wenn es nicht gerade um unseren Mond oder unsere Planeten geht, dann sind die Himmelskörper von uns fast unendlich weit entfernt und die Astronomen rechnen in **Lichtjahren**. Ein Beispiel: Regulus, der hellste Stern im Löwen, liegt 77 Lichtjahre von uns weg. Das heißt, sein Licht, das wir heute sehen, ging vor 77 Jahren auf die Reise. Wir sehen den Stern also 77 Jahre jünger, als er wirklich ist.

Regulus

Die Linien in der Zeichnung helfen dir, das Sternbild und seine Sterne am Himmel besser zu erkennen.

Erstaunlich!

Und wer ein bisschen rechnen will, hier ein paar Zahlen: Das Licht schafft in einer Sekunde die gewaltige Strecke von 300 000 Kilometern. In einem Lichtjahr sind es dann 9,46 Billionen Kilometer. Eine Billion ist eine Eins mit 12 Nullen dahinter.

Jedes Kapitel über Sternbilder hat unten auf der Seite eine **Zeitleiste**. Die Monate, in denen das jeweilige Sternbild nach Sonnenuntergang gut am Himmel beobachtet werden kann, sind in der selben Farbe markiert wie das Kapitel. Weitere Angaben dazu findest du noch im Text.

Die hellblauen **Wichtig zu wissen!** -Kästen verraten dir interessante Zusatzinformationen über die verschiedensten Himmelsobjekte. Die grünen **Schau genau!** -Kästen und die gelben **Mach mit!** -Kästen geben dir Tipps zum Beobachten und Selbermachen. In den orangefarbenen **Erstaunlich!** -Kästen findest du verblüffendes Detailwissen oder Rekorde.

Am besten Richtung Süden

Als Anfänger ist es wichtig, die vier Himmelsrichtungen zu kennen und einen guten Beobachtungsplatz mit freier Sicht Richtung Süden zu finden. Merk dir die Richtung, in der die Sonne mittags steht, und du weißt, wo Süden ist. Schaust du nach Süden, zeigt dein Rücken nach Norden, deine rechte Schulter nach Westen und deine linke nach Osten. Die Sonne und alle Sterne gehen im Osten auf und im Westen unter. Die Nord-Süd-Richtung kannst du auch mit einem Kompass bestimmen.

Eine Wiese draußen vor der Stadt mit freiem Blick nach Süden ist ein idealer Standort, um zusammen mit deinen Eltern die Sterne zu beobachten.

Orientierung am Himmel

Betrachtet man eine ganze Nacht lang die Sterne, bekommt man den Eindruck, als würden sie sich um einen bestimmten Punkt hoch über uns drehen: Diesen Punkt nennt man Himmelsnordpol. In Wirklichkeit dreht sich die Erde um ihre eigene Achse und wir mit ihr. Fast genau auf der gedachten Verlängerung der Erdachse steht der Polarstern. Du findest ihn mithilfe des Großen Wagens.

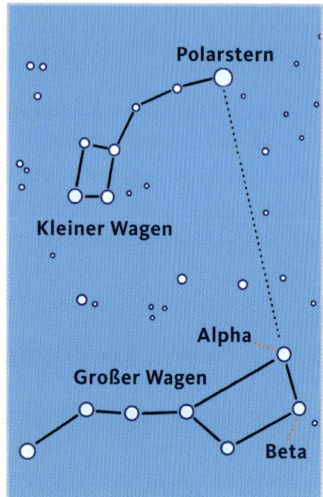

Mithilfe des Großen Wagens findest du leicht den Polarstern.

Die scheinbare Bewegung der Sterne kann man darstellen, wenn man den Sternenhimmel über einen längeren Zeitraum hinweg fotografiert.

Wenn du den Abstand der beiden hellsten Kastensterne des Großen Wagens fünf Mal verlängerst, findest du einen mittelhellen Stern hoch über dir: Das ist der Polarstern.

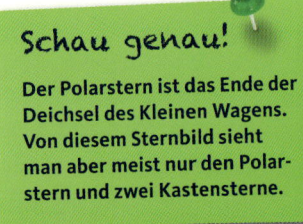

Schau genau!

Der Polarstern ist das Ende der Deichsel des Kleinen Wagens. Von diesem Sternbild sieht man aber meist nur den Polarstern und zwei Kastensterne.

Du kannst den Polarstern ebenfalls mit der Kassiopeia finden, die auch „Himmels-W" genannt wird. Das „W" ist am Himmel gut zu erkennen und seine Spitze zeigt ungefähr in Richtung Polarstern. Wenn du also nur eines der beiden Sternbilder siehst, entdeckst du auf alle Fälle auch das andere und dazu noch den Polarstern.

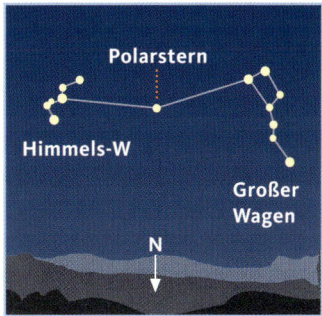

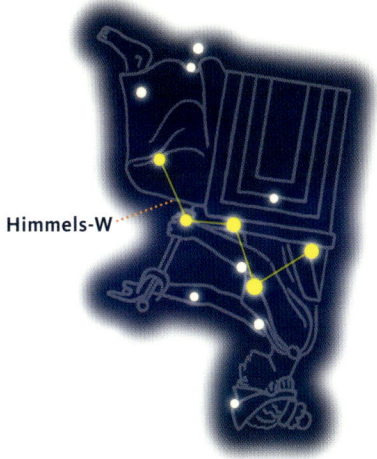

Die Sternbilder Großer Wagen und Kassiopeia liegen sich fast genau gegenüber. Beide sind das ganze Jahr über zu sehen. Faustregel: Im Frühjahr steht der Große Wagen abends hoch am Himmel, im Herbst die Kassiopeia.

Tipps beachten!

Mit den beiden Sternbildern Kassiopeia und Großer Wagen sowie dem sehr gut sichtbaren Sommerdreieck (Seite 82) kannst du mit ein wenig Übung alle anderen Sternbilder finden. Jetzt solltest du noch schnell die Seiten 76 bis 79 lesen. Im Kapitel **Mach mit!** stehen wichtige Tipps zur Ausrüstung und wann der beste Zeitpunkt ist, um loszuziehen!

Wichtig zu wissen!

Im 17. Jahrhundert bekamen alle Sternbilder einen griechischen Vor- und einen lateinischen Nachnamen: Die Sterne wurden nach ihrer Helligkeit entlang des griechischen Alphabets sortiert. Regulus heißt darum auch „Alpha Leonis", Rigel heißt „Beta Orionis". Deshalb findest du in allen Sternbildern Sterne, die Alpha, Beta, Gamma, Delta oder Epsilon heißen (also α, β, γ, δ, ε). Wenn die alten Eigennamen noch gebräuchlich sind, werden sie hier benutzt.

Großer Wagen und Kleiner Wagen

Dubhe

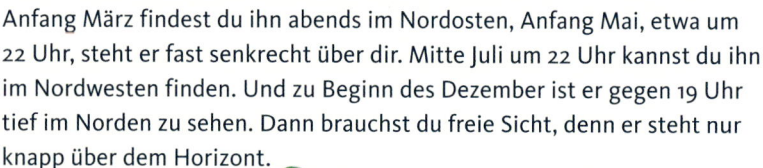

Großer Wagen

Den Großen Wagen findest du das ganze Jahr über am Himmel. Mit seinen sieben hellen Sternen ist er das bekannteste Sternbild. Er sieht aus wie eine grob gezeichnete Schubkarre ohne Räder, also ein Kasten mit einer Deichsel.

Anfang März findest du ihn abends im Nordosten, Anfang Mai, etwa um 22 Uhr, steht er fast senkrecht über dir. Mitte Juli um 22 Uhr kannst du ihn im Nordwesten finden. Und zu Beginn des Dezember ist er gegen 19 Uhr tief im Norden zu sehen. Dann brauchst du freie Sicht, denn er steht nur knapp über dem Horizont.

Schau genau!

In den beiden Wagen warten zwei interessante Doppelsterne auf dich. Am Knick der Deichsel des Großen Wagens steht Mizar. Er wird von dem dunkleren Alkor begleitet, der auch „Reiterlein" genannt wird. Du kannst die beiden bereits mit bloßem Auge erkennen. Sie sind 78 Lichtjahre von uns entfernt. Viel enger an Mizar steht ein weiterer Stern, Mizar B. Um ihn zu sehen, brauchst du ein kleines Fernrohr und die stärkste Vergrößerung.

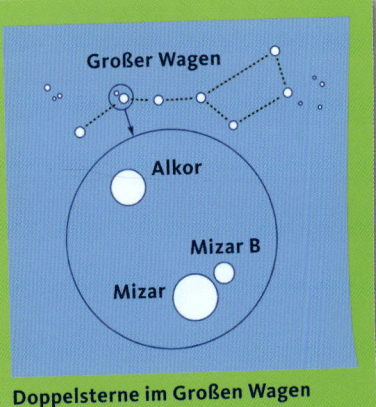

Doppelsterne im Großen Wagen

Dubhe ist 124 Lichtjahre von uns entfernt.

Der Polarstern ist der hellste Stern im Kleinen Wagen, er wird auch Nordstern oder Polaris genannt. Für die Seefahrer diente dieser Stern jahrhundertelang als Hilfe zur Bestimmung ihrer Position auf dem Meer. Polaris ist ein Dreifachstern, aber nur zwei Sterne lassen sich mit einem Amateur-Fernrohr trennen. Der größte Stern ist ein Überriese und 2000 Mal so hell wie unsere Sonne.

Die Flagge des nördlichsten US-Bundesstaats Alaska: der Große Wagen mit dem Polarstern, der in der Flagge übergroß ist.

Polaris

Kleiner Wagen

Wichtig zu wissen!

Eigentlich heißen die Sternbilder Großer Bär und Kleiner Bär und enthalten viel mehr Sterne als die beiden Wagen. Viele davon sind aber schlecht zu sehen. Beim Großen Bären kann man mit etwas Glück die Bärentatzen sehen – lang gezogene Dreiecke unterhalb des Wagenbodens (siehe Übersichtskarte vorn im Buch).

Auch der Kleine Wagen ist das ganze Jahr über am Nordhimmel zu sehen. Solche Sternbilder nennt man auch Zirkumpolar-Sternbilder. Zwei hellere Sterne begrenzen den Kasten des Kleinen Wagens auf der Seite, die dem Polarstern gegenüberliegt. Die restlichen Deichsel- und Kastensterne sind etwas für besonders klare Nächte. In der Sagenwelt der griechischen Götter ist der Große Bär übrigens die verwunschene Kallisto, eine Geliebte des höchsten Gottes Zeus und der Kleine Bär ihr Sohn Arkas. Hera, die Frau von Zeus, verwandelte beide aus Eifersucht in Bären, Zeus gab ihnen daraufhin einen Ehrenplatz am Himmel.

Polaris ist ungefähr 430 Lichtjahre von uns entfernt.

Kassiopeia

Von Deutschland aus kann man die Kassiopeia immer finden – sie geht niemals unter, genau wie der Große und der Kleine Wagen. Wegen ihrer gut erkennbaren Form heißt die Kassiopeia auch „Himmels-W". Manchmal steht sie allerdings Kopf, dann sieht sie eher aus wie der Buchstabe „M". Am frühen Abend im Januar nach Sonnenuntergang steht sie hoch am Himmel. Anfang Mai, so gegen 22 Uhr, hat sie im Norden ihren Tiefststand.

Das große „Himmels-W"

Schau genau!

In klaren Nächten ist mit bloßem Auge das Band der Milchstraße zu erkennen, es zieht sich genau durch die Kassiopeia (Seite 64). In der Umgebung der Kassiopeia gibt es außerdem einige schöne Sternhaufen zu beobachten. Der Haufen M 103 liegt nahe Delta. Um ihn zu finden, brauchst du ein kleines Fernrohr. Er ist rund 8 500 Lichtjahre entfernt und enthält etwa 40 Sterne.

Sternhaufen M 103

Unter den fünf hellsten Sternen der Kassiopeia ist Gamma etwas Besonderes. Seine Helligkeit verändert sich im Laufe der Zeit. Er ist ungefähr 35 000 Mal heller als unsere Sonne. Da er aber fast 800 Lichtjahre von uns entfernt ist, erscheint er viel dunkler. Du findest ihn in der Mitte des Himmels-W.

Schedir ist 230 Lichtjahre von uns entfernt.

Andromeda

Vier helle Sterne der Andromeda bilden eine fast gerade Linie. Du findest sie, indem du dir zwei Linien denkst, die am Polarstern starten und an den Seiten der Kassiopeia entlanglaufen. Diese beiden Linien führen automatisch zu einer Stelle zwischen Perseus und Pegasus: Dort liegt die Andromeda. Zwischen Oktober und Februar ist das Sternbild leicht am frühen Abendhimmel zu beobachten. Mitte Januar erreicht es gegen 17:30 Uhr im Süden seinen höchsten Stand.

Schau genau!

In diesem Sternbild findest du den berühmten Andromedanebel. Er heißt auch M 31 und ist eine Galaxie wie unsere Milchstraße. Suche den Nebel in klaren Nächten, am besten wenn kein Mondlicht stört. Du kannst ihn mit bloßem Auge finden. Mit einem Fernglas ist er noch deutlicher zu erkennen. Was aussieht wie ein längliches Nebelchen, besteht in Wirklichkeit aus Milliarden von Sternen. Doch M 31 ist so weit von uns entfernt, dass die Sterne zu einem unscharfen Brei verschwimmen.

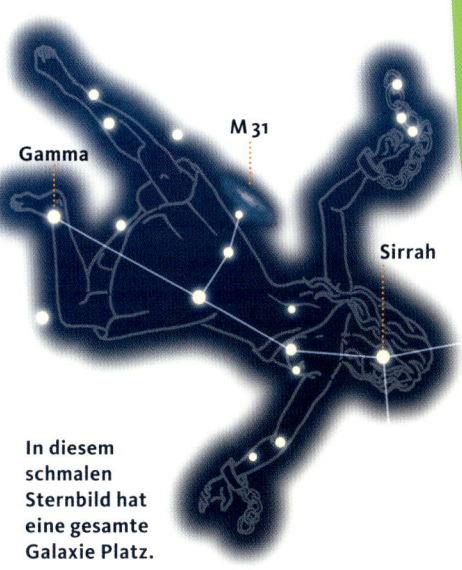

Gamma

M 31

Sirrah

In diesem schmalen Sternbild hat eine gesamte Galaxie Platz.

Einen besonders farbigen Doppelstern gibt es am Rand von Andromeda in Richtung Perseus. Das ist Gamma, er heißt auch Alamak. Mit einem kleinen Fernrohr erkennt man einen orangefarbenen Hauptstern und einen dunkleren Begleiter, der bläulich schimmert.

Sirrah ist 97 Lichtjahre von uns entfernt.

Pegasus

Am Himmel findest du
das Sternbild direkt neben
Andromeda. Zählt man den
Andromeda-Hauptstern hinzu,
so entsteht das auffällige
Pegasus-Quadrat aus vier etwa
gleich hellen Sternen. Es heißt
auch Herbst-Viereck, ist jedoch
von Mitte September bis in
den Februar hinein bequem
am frühen Abendhimmel auszumachen. Mitte Dezember
gegen 18 Uhr ist Pegasus besonders leicht zu finden, dann
erreicht er im Süden seinen
Höchststand.

Erstaunlich!

Pegasus ist ein
Himmelspferd, das
durch die griechische
Sagenwelt fliegt. Als
Perseus (siehe rechte
Seite) die schreckliche
Medusa besiegte, soll
das Pegasus-Pferd aus

ihrem Blut entstanden sein. Als Sohn des
Meeresgottes war Pegasus sogar unsterblich.
Mit seinen Flügeln konnte Pegasus rasend
schnell fliegen. Er diente dem tapferen
Krieger Bellerophon als Reitpferd, und beide
vollbrachten viele Heldentaten. Dann trieb
der es jedoch zu toll: Er wollte mit Pegasus
den Olymp stürmen – da wohnen der Sage
nach die Götter. Das konnte nicht gut gehen.
Er wurde abgeworfen und stürzte auf die
Erde. Seitdem steht das Sternbild als gött-
liche Warnung am Himmel.

Das Herbst-Viereck ist
Andromedas Nachbar.

Der Stern „Enif" ist ein
Dreifachstern; das Wort ist Arabisch und heißt „Pferdenase".
Den helleren Begleiter kann man
mit einem kleinen Fernrohr trennen. Das schönste Objekt in diesem Sternbild ist der Kugelsternhaufen M 15 direkt neben Enif.
Sein Licht ist 31 000 Jahre unterwegs, um zu uns zu gelangen.
Für M 15 brauchst du ein Fernglas
oder ein kleines Fernrohr.

Markab ist 133 Lichtjahre von uns entfernt.

Jan   Feb   Mär   Apr   Mai   Jun   Jul   Aug   Sep   Okt   Nov   D

Perseus

Perseus steht am Himmel genau zwischen den Sternbildern Andromeda und Fuhrmann. In der griechischen Sage rettete Perseus die Königstochter Andromeda vor einem Meeresungeheuer. Zur Belohnung durfte er die Prinzessin heiraten. Das Sternbild ist fast immer zu sehen. Mitte Januar kannst du es gegen 20 Uhr genau über dir am höchsten Punkt des Himmels finden.

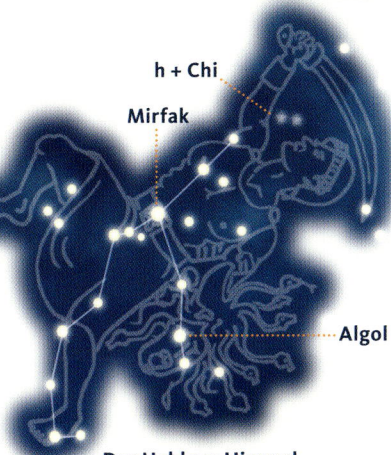

h + Chi

Mirfak

Algol

Der Held am Himmel

Um M 15 im Pegasus zu sehen, brauchst du ein Fernglas. Den schönen Sternhaufen h + Chi im Perseus kannst du in sehr klaren Nächten mit bloßem Auge finden. Er sieht aus wie ein blasser Nebelfleck. Im Fernglas erkennt man, dass er ein Doppelhaufen ist. Jeder Sternhaufen enthält etwa 300 Sterne.

Kugelhaufen M 15 im Pegasus

Schau genau!

Im Perseus steht der berühmte veränderliche Stern Algol, auch Teufelsstern genannt. Innerhalb von zwei Tagen und 21 Stunden wird er dunkel und wieder hell. Algol besteht aus zwei Sternen: Ein dunklerer Stern kreist um einen helleren. Immer wenn der dunklere vor dem helleren vorüberzieht, erscheint Algol dunkler. Stehen beide genau nebeneinander, ist Algol hell. Tipp: Vergleiche Algols Helligkeit mit den anderen Perseus-Sternen und notiere das Ergebnis. Nach und nach kannst du so den Lichtwechsel erkennen.

Mirfak ist ungefähr 506 Lichtjahre von uns entfernt.

an   Feb   Mär   Apr   Mai   Jun   Jul   Aug   Sep   Okt   Nov   Dez

Orion

Orion ist ein Jäger aus einer
griechischen Sage, der eine Insel
von wilden Tieren befreit haben
soll. Am Himmel findest du das
Sternbild vom Spätherbst bis
ins Frühjahr. Wegen einiger sehr
heller Sterne ist es gut zu sehen.
Schon ab Mitte November steht
Orion gegen 22 Uhr im Osten,
Ende Januar um 21 Uhr dann
genau im Süden. Bis Ende März
gegen 21 Uhr kannst du ihn noch
Richtung Westen beobachten.

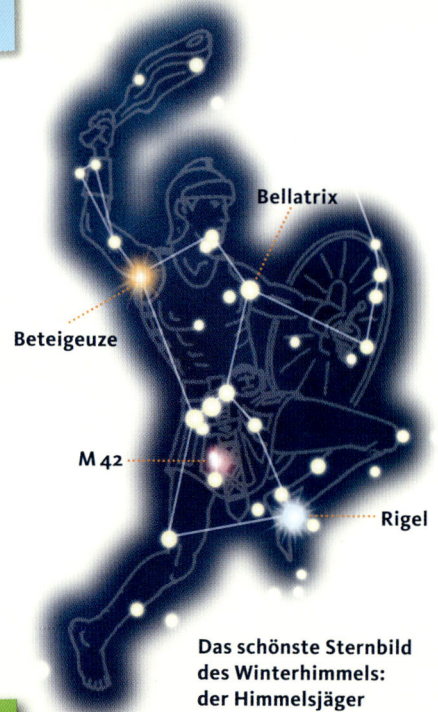

Bellatrix

Beteigeuze

M 42

Rigel

**Das schönste Sternbild
des Winterhimmels:
der Himmelsjäger**

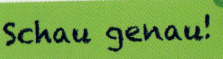

Schau genau!

**Den Orionnebel musst du dir an-
sehen, er ist der schönste Gasnebel
am Himmel. Eigentlich sind es zwei
Nebel, M 42 und M 43, doch nur
M 42 ist einfach zu erkennen. Am
besten schaust du dir die Gegend
durch das Fernglas an. Du findest
ihn am unteren Ende des Schwerts.
M 42 besteht aus leuchtendem Gas
und Staub und ist etwa 1400 Lichtjahre von uns entfernt. In seiner
Mitte befindet sich ein kleiner
Sternhaufen, von dem nur vier
Sterne mit einem kleinen Fernrohr
zu erkennen sind. Dieser sogenannte Trapezhaufen bringt den
Nebel zum Leuchten.**

Trapezhaufen im Orion

Beteigeuze ist ungefähr 640 Lichtjahre von uns entfernt.

Jan Feb Mär Apr Mai Jun Jul Aug Sep Okt Nov De

Im Orionnebel entstehen sehr viele neue Sterne, eines Tages wird er als offener Sternhaufen enden.

Wichtig zu wissen!

Beteigeuze ist rot, Rigel blauweiß und unsere Sonne ist gelb: Sterne leuchten farbig! Nur bei den hellsten kannst du die Farbe leicht erkennen, doch mit dem Fernglas siehst du schon bei sehr viel mehr Sternen den Farbeffekt. Astronomen haben herausgefunden, dass die Farbe mit der Temperatur an der Sternoberfläche zusammenhängt. Das blauweiße Licht von Rigel bedeutet: Dort ist es einige tausend Grad heißer als auf unserer Sonne. Das rote Licht von Beteigeuze bedeutet, dass es dort etwa 3 000 Grad kühler ist als auf der Sonne.

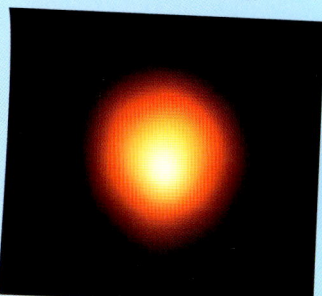

Der Stern Beteigeuze vom Hubble-Weltraumteleskop aus gesehen.

Mit etwas Fantasie kann man den Jäger auch erkennen. Die Schultern sind der rote Stern Beteigeuze und der Stern Bellatrix. Den Kopf bilden die eng zusammenstehenden Sterne darüber. Der Gürtel des Jägers besteht aus drei etwa gleich hellen Sternen, die etwas tiefer auf einer fast geraden Linie liegen. Am Gürtel hängt gut sichtbar ein Schwert, deshalb heißt diese Region „Schwertgehänge". Der helle blauweiße Stern Rigel ist einer der Füße des Jägers.

Rigel ist ungefähr 770 Lichtjahre von uns entfernt.

Großer Hund und Kleiner Hund

Sirius ist der hellste Stern am Himmel. Er ist weniger als neun Lichtjahre von uns entfernt und zählt damit zu unserer Nachbarschaft. Er ist leicht zu finden, die Gürtelsterne des Orion zeigen auf ihn. Er leuchtet grellweiß. Ab Mitte Januar gegen 21 Uhr kannst du Sirius suchen. Er steht dann tief im Südosten, links unterhalb von Orion. Anfang März gegen 20 Uhr erreicht der Große Hund seinen höchsten Stand. Trotzdem steigt er nicht weit über den Horizont. Um das ganze Sternbild zu sehen, brauchst du einen Platz mit freier Sicht nach Süden. Bis Mitte April gegen 20 Uhr kannst du Sirius noch im Südwesten erkennen.

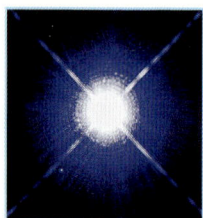

Der Hauptstern des Großen Hundes heißt Sirius.

Schau genau!

M 41 ist ein schöner Sternhaufen im Großen Hund. Er kann leicht gefunden werden, da er unterhalb des Sirius steht. Er ist etwa 2 500 Lichtjahre von der Erde entfernt. In sehr klaren Nächten erkennst du ihn mit bloßem Auge. Nimmst du das Fernglas, dann kannst du etwa 40 Einzelsterne entdecken.

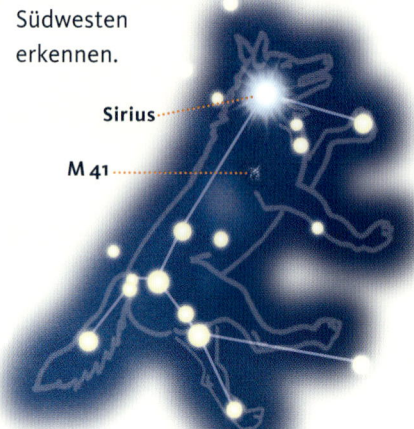

Sirius

M 41

Sirius im Großen Hund ist der hellste Stern am Himmel.

Sternhaufen M 41

Sirius ist knapp 9 Lichtjahre von uns entfernt.

Sirius hat einen kleinen Begleiter. Beide sind aber nur mit großen Fernrohren zu trennen. Sirius B, so nennen ihn die Astronomen, ist ein Weißer Zwerg. Das heißt, er ist etwa so groß wie unsere Erde – das ist winzig für einen Stern. Sirius B braucht fünfzig Jahre, um Sirius zu umkreisen.

Sirius A und B

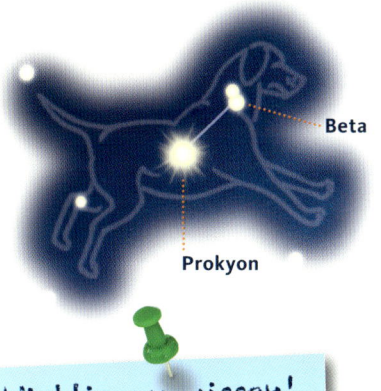

Beta

Prokyon

Wichtig zu wissen!

Als Sternenfreund ist es praktisch, ein bisschen Latein zu können, denn für die Namen der Sternbilder sind die lateinischen Worte gebräuchlich: Kleiner Hund heißt deshalb auch „Canis Minor", Prokyon als Hauptstern ist also „Alpha Canis Minoris".

Der Kleine Hund ist am besten im Winter zu beobachten. So findest du ihn: Denke dir eine Linie, die den Zwillingsstern Pollux (Seite 22) mit Sirius verbindet. Etwa auf halbem Weg liegt etwas links ein heller Stern, Prokyon, der Hauptstern des Kleinen Hundes. Der Stern Beta ist von Prokyon etwa gleich weit entfernt wie Kastor von Pollux. Doch es besteht keine Verwechslungsgefahr: Nur die beiden Zwillingssterne wirken gleich hell. In der Sage ging Orion mit dem Großen und dem Kleinen Hund auf die Jagd.

Prokyon ist 11 Lichtjahre von uns entfernt.

Zwillinge

Zwischen Stier und Löwe liegt das Tierkreissternbild Zwillinge. Auffällig sind die fast gleich hellen Sterne Kastor und Pollux. Schon Mitte Dezember gegen 18 Uhr sind die Zwillinge im Osten auszumachen. Sie bleiben den ganzen Winter über zu sehen, bis ins Frühjahr hinein: Noch Mitte April kannst du sie gegen 21 Uhr in westlicher Richtung auffinden. Ihren höchsten Stand erreichen sie Anfang März gegen 20 Uhr hoch am Südhimmel.

Schau genau!

Der Nebel NGC 2392 wird auch Eskimonebel oder Clownsgesicht-Nebel genannt. Das liegt an seinem Aussehen, das aber nur auf Fotos deutlich wird. Mit einem mittleren Fernrohr erkennst du bei stärkerer Vergrößerung einen schwachen, fast kreisrunden Nebelfleck. Sein Alter schätzen die Forscher auf etwa 10 000 Jahre. Damals stieß ein Stern in seiner Mitte einen Teil seiner Gase ab.

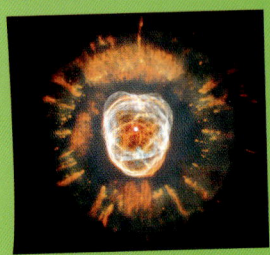

Eskimonebel

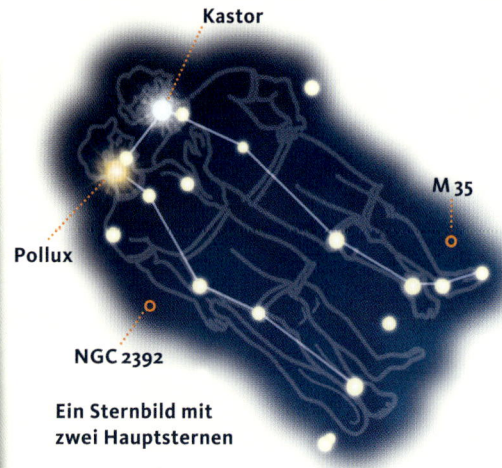

Kastor

M 35

Pollux

NGC 2392

Ein Sternbild mit zwei Hauptsternen

Kastor ist ein Doppelstern. Um ihn zu trennen, brauchst du die höchste Vergrößerung deines Fernrohrs. Bei Pollux kannst du, wenn du genau hinschaust, im Fernglas seinen rötlichen Schimmer erkennen. Er ist ein sogenannter Roter Riese, fünfmal größer als die Sonne. An der Grenze zum Stier findest du im Fernglas den Sternhaufen M 35. Etwa 120 Sterne stehen dort eng zusammen.

Kastor ist 52 Lichtjahre und Pollux 34 Lichtjahre von uns entfernt.

Jan Feb Mär Apr Mai Jun Jul Aug Sep Okt Nov De

Fuhrmann

Den Fuhrmann findest du zwischen den Sternbildern Zwillinge und Perseus. Sein Hauptstern Kapella ist der sechsthellste Stern am Himmel. Er leuchtet leicht gelblich. Sein Name stammt aus dem Lateinischen und bedeutet „Ziegenböckchen". Von Deutschland aus ist Kapella das ganze Jahr über sichtbar. Besonders leicht geht das am frühen Abendhimmel im Februar und März. Dann steht Kapella am Himmel fast senkrecht über dir.

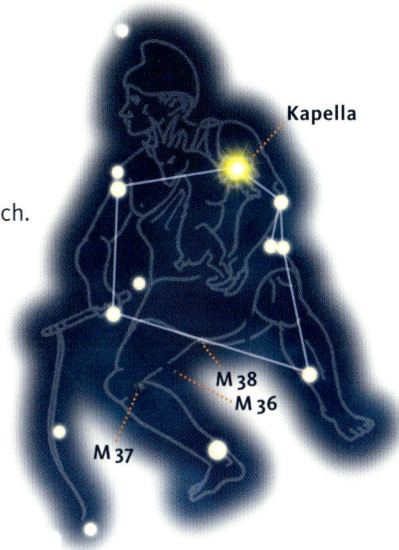

Kapella

M 38
M 36
M 37

Der Hauptstern Kapella ist einer der hellsten Sterne am Himmel.

M 37

Eine Kette von Sternhaufen reiht sich im Fuhrmann aneinander: M 36, M 37 und M 38. Sie sind etwa 4 000 Lichtjahre von uns entfernt. Für alle drei brauchst du ein Fernglas. Die meisten Sterne dieser Gruppe hat M 37, es sind rund 200.

Erstaunlich!

Ist dir aufgefallen, dass viele Nebel einen Namen haben, der mit „M" anfängt? Das geht auf den französischen Sternforscher Charles Messier zurück, der vor über 200 Jahren versuchte, alle „nebeligen" Objekten am Himmel zu finden. Heraus kam der Messier-Katalog mit 110 Objekten, die alle mit einem „M" beginnen. In diesem Katalog sind auch Galaxien und Sternhaufen aufgeführt.

Kapella ist 42 Lichtjahre von uns entfernt.

Feb | Mär | Apr | Mai | Jun | Jul | Aug | Sep | Okt | Nov | Dez

Stier

Zwischen Orion und Perseus liegt das Sternbild Stier. Seine „Abendsaison" dauert vom Herbst bis ins Frühjahr. Ab Mitte Oktober findest du es gegen 22 Uhr im Osten. Anfang Februar erreicht der Stier schon gegen 20 Uhr seinen höchsten Stand: genau im Süden hoch am Himmel. Bis Mitte April kannst du nach dem bekannten Tierkreissternbild Ausschau halten, dann steht er gegen 20 Uhr tief im Westen.

Hier verstecken sich die Überbleibsel einer Sternexplosion.

Elnath

Hyaden

M 1

M 45

Aldebaran

Omikron

Erstaunlich!

Im Stier findest du den Krebsnebel, der auch M 1 heißt. Im Jahr 1054 explodierte an dieser Stelle ein Stern. So etwas nennt man eine Supernova. Von der Erde aus betrachtet sah das aus, als ob plötzlich ein neuer Stern aufleuchtet. Sternkundige aus China beschrieben damals den hellen Schein. Die leuchtenden Gase von M 1 sind die Überbleibsel der Explosion. Im Innern von M 1 haben Forscher den Kern des explodierten Sterns gefunden: Er sendet Radiowellen ins All. Um M 1 zu finden, brauchst du aber ein etwas größeres Fernrohr (ab 7 Zentimetern Öffnung), am besten mit schwacher Vergrößerung – und etwas Geduld!

Krebsnebel M 1

Aldebaran ist 67 Lichtjahre von uns entfernt.

Jan   Feb   Mär   Apr   Mai   Jun   Jul   Aug   Sep   Okt   Nov   D

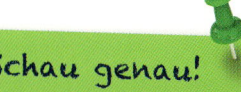

Sonne

Aldebaran

Schau genau!

Die Hyaden bestehen aus rund 150 Sternen, von denen du einige mit bloßem Auge erkennen kannst. Du findest den Sternhaufen direkt neben Aldebaran. Er sieht aus wie der Buchstabe „V", der allerdings manchmal auf der Seite liegt. Etwa 150 Lichtjahre sind die Hyaden von uns entfernt – ziemlich nah für einen Sternhaufen. Das Siebengestirn wird auch „Plejaden" oder M 45 genannt, es besteht aus 130 Sternen. Ohne Fernglas kannst du meist nur sechs davon erkennen. Im Fernglas oder bei schwacher Vergrößerung im Fernrohr erscheinen diese wie eine Miniversion des Großen Wagens.

Der Sternhaufen der Plejaden

Aldebaran ist der hellste Stern im Stier. Das ist ein Roter Riese, rund 25 Mal schwerer als unsere Sonne. Sein arabischer Name bedeutet „der Nachfolgende". Damit ist gemeint, dass er dem Siebengestirn folgt. Das ist ein Sternhaufen mit der Messier-Nummer M 45, der ebenfalls zum Stier gehört. Dieser hat noch einen weiteren schönen Haufen zu bieten: die Hyaden. Beide kannst du ohne Fernglas finden.

Auch einige Doppelsterne hat der Stier zu bieten. Omikron am linken Vorderfuß des Stiers ist einer davon. Die beiden Sterne kannst du sogar schon mit bloßem Auge erkennen. Mit einem Fernglas siehst du sie aber deutlicher!

Elnath ist 180 Lichtjahre von uns entfernt.

Schwan

Mitte Mai gegen 22 Uhr kann die Schwanenjagd beginnen. Dann steht das große Sommersternbild flach im Nordosten. Anfang September hat es um die gleiche Uhrzeit seinen Höchststand. Der helle Hauptstern Deneb leuchtet dann fast genau über dir. Er bildet mit Wega und Atair das riesige Sommerdreieck – dadurch sind auch die Sternbilder Leier und Adler leicht zu finden (Seite 82). Den Schwan kannst du auch im Winter beobachten: Ende Januar gegen 18 Uhr tief im Nordwesten.

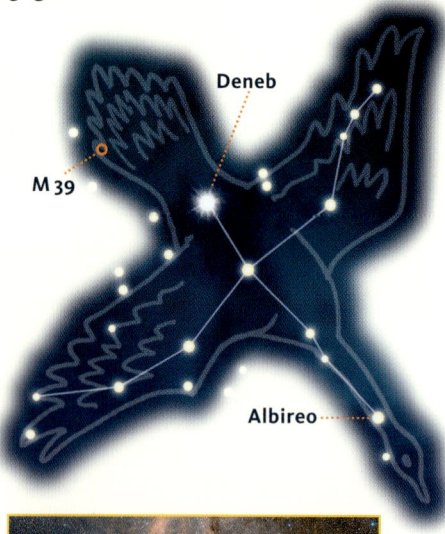

Hier leuchtet die Milchstraße besonders hell.

Im Schwan kannst du besonders gut die Milchstraße sehen (Seite 64). Deneb ist zwar der hellste Stern im Schwan, aber der schönste ist Beta, der auch Albireo („Vogel") heißt. Er ist ein besonders bunter Doppelstern. Durch das Fernglas oder ein kleines Fernrohr siehst du einen hellen goldgelben Stern mit einem blauen Begleiter. Beide sind 390 Lichtjahre von uns entfernt. M 39 ist ein Sternhaufen für das Fernglas. Den Nordamerikanebel kann man dagegen nur auf lang belichteten Fotos bewundern, er heißt offiziell NGC 7000 und liegt links neben Deneb.

Nordamerikanebel

Deneb ist ungefähr 3 000 Lichtjahre von uns entfernt.

Leier

Im Sommer ist das kleine Sternbild Leier die ganze Nacht über sichtbar. Auch an Herbst- und frühen Winterabenden kann es beobachtet werden. Sein Hauptstern Wega leuchtet weiß, mit einem Stich ins Bläuliche. Er ist der dritthellste Stern am Nordhimmel. Der Name kommt aus dem Arabischen und bedeutet „herabstürzender Adler".

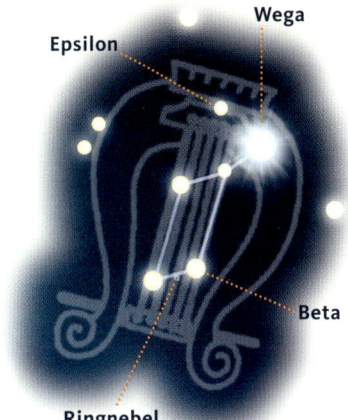

Hier steht der hellste Stern des Sommerdreiecks.

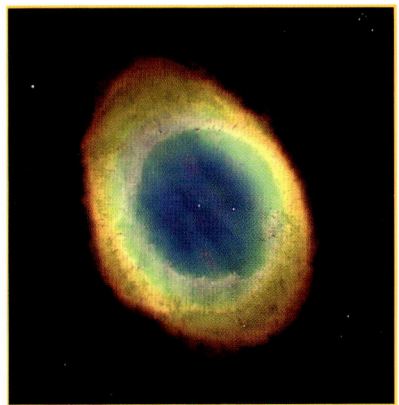

Ringnebel M 57

Schau genau!

Der Stern Epsilon Lyrae ist ein Doppelstern, am besten schaust du ihn dir durch das Fernglas an. Beide Sterne sind fast gleich hell. Ein kleines Fernrohr zeigt, dass jeder der beiden wiederum aus einem Paar besteht. Was auf den ersten Blick ein Stern ist, sind also in Wahrheit vier! Ein weiterer Doppelstern, den du leicht im Fernrohr trennen kannst, ist Beta Lyrae.

Der Nebel M 57 in der Leier sieht durch das Fernrohr wie ein Ring aus. Tatsächlich hat er wohl eher die Form einer Coladose, auf die man von oben schaut. Er ist etwa 2 000 Lichtjahre entfernt und besteht aus Gas, das der Stern in der Mitte des Nebels ausgestoßen hat. Diesen Stern sieht man nur auf Fotos, für ein kleines Fernrohr ist er zu dunkel.

Wega ist 25 Lichtjahre von uns entfernt.

Adler und Delfin

Etwa Mitte Juni gegen 22 Uhr geht im Osten der Adler auf, er steht dann nahe am Horizont. Seinen höchsten Stand erreicht er Anfang September gegen 22 Uhr. Sogar Anfang Januar kannst du das Sommersternbild noch gegen 18 Uhr Richtung Westen erspähen. Der hellste Adlerstern heißt Atair, er ist der dritte Stern im Sommerdreieck.

Mach mit!

Gamma

Der Delfin befindet sich gleich neben dem Adler in Richtung Schwan. Er besteht allerdings nur aus dunklen Sternen, deshalb brauchst du zur Beobachtung eine besonders sternklare Nacht. Seine Form erinnert an einen selbst gebastelten Papierdrachen. Anfang Oktober gegen 20 Uhr steht er besonders hoch im Süden. Sein Stern Gamma ist doppelt und leuchtet orange und blau. Um das zu sehen, brauchst du ein kleines Fernrohr und die höchste Vergrößerung. Nach der griechischen Sage mag der Delfin schöne Gesänge. Angelockt durch ein Lied, rettete er den Sänger Arion vor dem Ertrinken.

Atair

Eta

Einmal pro Woche bläht sich ein Adlerstern mächtig auf.

Eta ist ein besonderer Stern, denn er verändert seine Helligkeit. Alle sieben Tage bläht er sich auf, dann schrumpft er wieder. Im selben Zeitraum ändert er auch Farbe und Temperatur. Mit 1400 Lichtjahren ist er ziemlich weit entfernt. Doch durch genaue Beobachtung des Lichtwechsels können Astronomen seine Entfernung berechnen.

Atair ist 17 Lichtjahre von uns entfernt.

Bootes

Wegen seiner Lage nah am Großen und Kleinen Bären wird das Sternbild auch „Bärenhüter" genannt. Du findest es leicht mithilfe des Großen Wagens. Stelle dir einfach eine gekrümmte Linie vor, die die Deichsel des Wagens verlängert. Diese Linie führt automatisch auf den Hauptstern zu, den roten Arktur. Anfang April ist Bootes bereits gegen 22 Uhr gut im Osten zu sehen. Bis Mitte August gegen 21 Uhr wirst du noch fündig, dann aber im Westen. Anfang Juni steht Bootes im Süden besonders hoch, etwa gegen 22 Uhr.

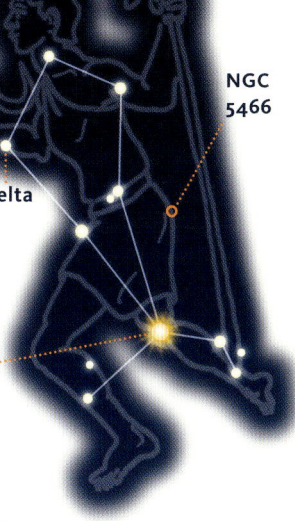

NGC 5466

Delta

Arktur

Der Bärenhüter

Im Bootes kannst du Jagd auf Doppelsterne machen. Dafür brauchst du ein kleines Fernrohr oder ein besseres Fernglas. Delta zum Beispiel besteht aus einem hellen und einem dunklen Stern. Der Kugelhaufen NGC 5466 ist 47 000 Lichtjahre entfernt. Er ist recht dunkel, für ihn brauchst du ein Teleskop ab zehn Zentimetern Öffnung.

Erstaunlich!

Arktur ist nur 37 Lichtjahre von uns entfernt – der nächststehende Rote Riese überhaupt. Ganz genaue Messungen zeigen, dass er sich am Himmel bewegt. Das heißt, Arktur ist dabei, seinen Platz im Sternbild Bootes zu verlassen. Auch andere Sterne sind in Bewegung. Man nennt das „Eigenbewegung". Die von Arktur ist besonders groß, trotzdem dauert es etwa 14 000 Jahre, bis er in die Nähe der Grenze zum benachbarten Sternbild Jungfrau kommen wird.

Kugelhaufen NGC 5466

Arktur ist 37 Lichtjahre von uns entfernt.

Tierkreis

Viele Menschen sagen: „Ich bin Steinbock", oder: „Ich bin Waage", bestimmt kennst auch du dein „Sternzeichen". Vielleicht hast du sogar mal versucht, dein Tierkreissternbild am Himmel zu finden – und dabei festgestellt, dass es schwierig ist. Oder du bist Stier, Zwilling, Löwe oder Jungfrau. Die zwei ersten wurden schon vorgestellt (Seiten 24 und 22), die beiden anderen folgen jetzt, samt Skorpion, Waage und Widder, die weniger gut zu sehen sind. Alle anderen Tierkreissternbilder sind in Deutschland schwer zu beobachten.

Der Hochzeitsturm auf der Mathildenhöhe in Darmstadt. Die Jugendstil-Sonnenuhr ist mit goldenen Tierkreis-Mosaiken verziert.

Mach mit!

Der Unterschied zwischen den Tierkreiszeichen der Astrologie und dem tatsächlichen Sonnenstand am Geburtsdatum eines heute lebenden Menschen ist ein gutes Thema für ein Referat, für Wanderungen oder auf Partys: Du wirst sehen, dass die Vertreter der klassischen Sternzeichen diese gegen alle wissenschaftlichen Argumente verteidigen.

Während für die Astronomen die Tierkreissternbilder nicht immer im Mittelpunkt stehen, sind sie für die Astrologen das Wichtigste überhaupt: Sie glauben, dass das Sternbild, in dem die Sonne zum Zeitpunkt der Geburt stand, wichtige Hinweise auf den Charakter eines Menschen liefert. Diese Überzeugung ist noch heute weit verbreitet, Zeitungen und Zeitschriften sind voller Horoskope. Aber Achtung: Die Datumsangaben in Horoskopen sind alle veraltet!

Welches Tierkreisstern-
bild gehört wirklich zu
deinem Geburtsdatum?
Hier siehst du den tat-
sächlichen Sonnen-
stand zu jedem Datum
im Jahr, rechts daneben
den Sonnenstand vor
über 2000 Jahren: Aus
dieser Zeit stammt die
Lehre der Astrologie.
Doch weil sich die
Erdachse im Laufe der
Jahrtausende dreht,
ist der tatsächliche
Sonnenstand um ein
Zeichen weitergewan-
dert. Wer also sagt:
„Ich bin Steinbock!",
der ist heute in Wirk-
lichkeit Schütze und
so weiter. Außerdem
gibt es am Himmel
13 Tierkreissternbilder –
die Sonne wandert im
Dezember durch den
Schlangenträger.

Tierkreis-sternbild	wirklicher Sonnenstand	astrologische Sternzeichen
Steinbock	20. Januar – 16. Februar	22. Dezember – 20. Januar
Wasser-mann	16. Februar – 11. März	21. Januar – 19. Februar
Fische	11. März – 19. April	20. Februar – 20. März
Widder	19. April – 14. Mai	21. März – 20. April
Stier	14. Mai – 21. Juni	21. April – 20. Mai
Zwillinge	21. Juni – 20. Juli	21. Mai – 21. Juni
Krebs	20. Juli – 11. August	22. Juni – 22. Juli
Löwe	11. August – 17. September	23. Juli – 23. August
Jungfrau	17. September – 31. Oktober	24. August – 23. September
Waage	31. Oktober – 23. November	24. September – 23. Oktober
Skorpion	23. November – 30. November	24. Oktober – 22. November
Schlangen-träger	30. November – 18. Dezember	
Schütze	18. Dezember – 20. Januar	23. November – 21. Dezember

Löwe

Zwischen den Zwillingen und Bootes ist das Himmelsrevier des Löwen. Du findest ihn auch, indem du die Linie vom Großen Wagen zum Polarstern in die andere Richtung gedanklich verlängerst: Du musst die Linie noch etwas weiter ziehen als zum Polarstern – dort steht der Löwe. Dieses eindrucksvolle Tierkreissternbild ist am besten im Frühjahr zu sehen, doch schon Ende Januar gegen 22 Uhr steht es flach im Osten. Mitte April gegen 21 Uhr findest du den Löwen leicht im Süden, dann hat er seinen höchsten Stand. Bis Ende Mai gegen 22 Uhr ist er noch gut am Westhimmel auszumachen, er steht dann wieder näher am Horizont.

Schau genau!

Wenn du die beiden Galaxien M 65 und 66 aufgespürt hast, wirfst du gleichzeitig einen Blick in die Vergangenheit. Beide liegen eng beieinander in der Nähe des Sterns Theta. Ihr Licht braucht etwa 40 Millionen Jahre, um uns zu erreichen, sie sind also 40 Millionen Lichtjahre von uns entfernt. Das Nebelpaar kannst du mit einem guten Fernglas oder einem Fernrohr bei geringer Vergrößerung beobachten.

Galaxie M 66

Der hellste Stern im Löwen heißt Regulus, „kleiner König". Regulus besteht aus zwei Sternen und kann mit einem guten Fernglas getrennt werden. Sehr schöne Farben hat der Doppelstern Gamma. Ein Stern ist orange, der andere tiefgelb. Für die beiden brauchst du mindestens ein Fernrohr mit fünf Zentimetern Öffnung und die höchste Vergrößerung.

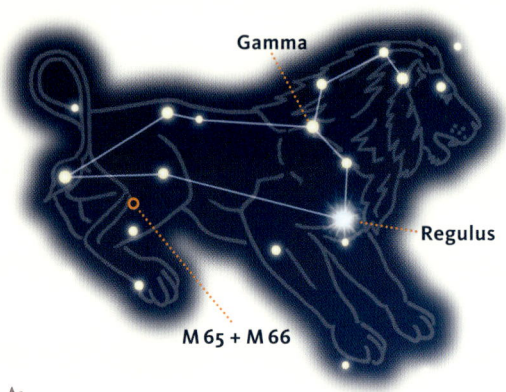

Gamma

Regulus

M 65 + M 66

Dieses Tierkreissternbild ist gut zu finden.

Regulus ist 79 Lichtjahre von uns entfernt.

Jungfrau

Die nach hinten verlängerte Deichsel des Großen Wagens zeigt bekanntlich auf Arktur im Bootes (Seite 29). Wenn du jetzt diesen Bogen weiterführst, landest du bei Spica in der Jungfrau, einem hellen, bläulich-weißen Stern. Alle weiteren Jungfrausterne sind ziemlich dunkel. Ab Mitte März gegen 22 Uhr findest du Spica im Osten, im Mai steht der Hauptstern gegen 22 Uhr am höchsten, im Juni findest du ihn im Westen. Du musst immer genau hinsehen, Spica kommt nie weit über den Horizont.

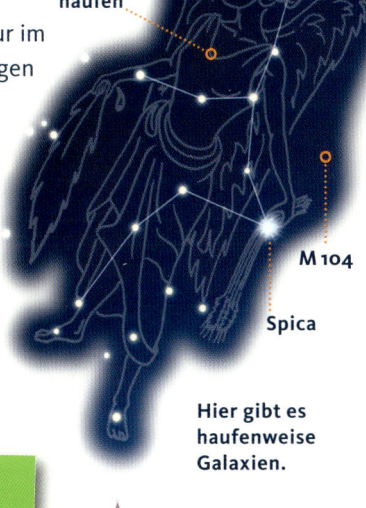

Virgo-Galaxien-haufen

M 104

Spica

Hier gibt es haufenweise Galaxien.

Schau genau!

In der Jungfrau, die lateinisch auch „Virgo" heißt, wimmelt es von Galaxien. Über 250 bilden den Virgo-Galaxienhaufen. Er ist 70 Millionen Lichtjahre entfernt. Etwas näher als der Virgo-Haufen ist uns M 104. Sie heißt auch „Sombrero-Galaxie". Der Name kommt von dem bekannten mexikanischen Hut, an den ihr Aussehen erinnert. Du kannst sie mit einem mittleren Fernrohr ab zehn Zentimetern Öffnung finden. Etwas Geduld musst du jedoch mitbringen.

Mithilfe der Jungfrau kannst du ein Viertel des Tierkreises am Himmel sehen! Und das geht so: Neben der Jungfrau steht der Löwe, etwas höher als sie. Wenn du jetzt auf der anderen Seite weiter Richtung Horizont gehst, findest du die schwächeren Sterne der Waage. Der Bogen Waage – Jungfrau – Löwe bildet ein Viertel des Tierkreises.

Spica ist ungefähr 262 Lichtjahre von uns entfernt.

| Feb | Mär | Apr | Mai | Jun | Jul | Aug | Sep | Okt | Nov | Dez |

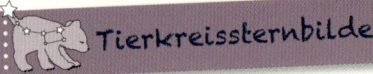
Skorpion

Dieses Tierkreissternbild
kannst du eigentlich nur im
Sommerurlaub am Mittel-
meer gut beobachten.
Dort steigt es am
Himmel höher als in
Deutschland. Bei uns bewegt
es sich sehr nah am Horizont.
Wenn du jedoch freien Blick nach
Süden hast, kannst du Mitte Juni
um 23 Uhr den südlichen Horizont
nach seiner auffälligen Form absu-
chen. Vielleicht ist zumindest der rote
Hauptstern Antares zu erspähen. Als
Nächstes im Tierkreis kommt übrigens
der Schütze – auch ihn siehst du nur
wirklich gut im Urlaub im Süden.

M 80

M 4

Antares

**Hier leuchtet ein
wahrer Riese.**

Kugelhaufen M 80

Antares ist ein wah-
rer Riese. Sein Durchmesser
übertrifft die Sonne um
das 700-Fache! Sehr nahe
bei Antares findest du den
Kugelhaufen M 4, er ist etwa
6 000 Lichtjahre entfernt.
Für einen Kugelhaufen ist
das ziemlich nah. Mit einem
besseren Fernglas oder einem
kleinen Fernrohr ist er als
nebliger Fleck zu erkennen.
M 80 ist auch ein Kugelhaufen.
Sein Abstand von uns beträgt
jedoch 36 000 Lichtjahre.

Antares ist 600 Lichtjahre von uns entfernt.

Jan   Feb   Mär   Apr   Mai   Jun   Jul   Aug   Sep   Okt   Nov

Widder und Dreieck

Der Widder und das Sternbild Dreieck
sind am besten abends zwischen
November und Januar zu sehen. Die
drei ähnlich hellen Sterne des kleinen
Dreiecks liegen etwas unter der fast
geraden Linie der vier Andromeda-
Sterne (Seite 15). Der Widder ist an
zwei hellen Sternen zu erkennen. Er
liegt unterhalb des Dreiecks und ist
ebenfalls ein eher kleines Sternbild.

Bei dem dunklen, sonnen-
ähnlichen Widder-Stern HD 20367,
der Richtung Perseus steht, fanden
die Astronomen einen Planeten,
der unserem Jupiter ähnelt. Er ist
88 Lichtjahre von uns entfernt.

Schau genau!

Zum Sternbild Dreieck gehört die
Galaxie M 33. Sie ist die drittgrößte
Galaxie in der kosmischen Nachbarschaft, nur der Andromedanebel
und die Milchstraße sind größer.
Wenn man unsere Milchstraße
verlassen und von außen auf sie
blicken könnte, würde sie ungefähr
so aussehen wie M 33. Um M 33 zu
finden, brauchst du ein sehr licht-
starkes Fernglas und eine ganz klare
Nacht ohne Mondlicht.

Spiralnebel M 33

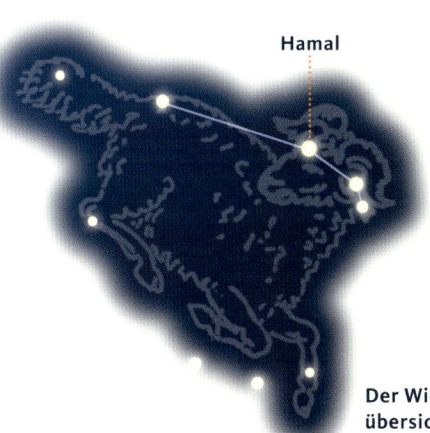

Hamal

**Der Widder ist ein sehr
übersichtliches Sternbild.**

Hamal ist 66 Lichtjahre von uns entfernt.

Feb | Mär | Apr | Mai | Jun | Jul | Aug | Sep | Okt | Nov | Dez

Sonne

Vorsicht! Wer die Sonne beobachten will, muss gut aufpassen. Denn sie strahlt so hell, dass man allein vom Hinsehen erblinden kann. Man braucht eine besondere Brille, die sogenannte SoFi-Brille, die bei einer bevorstehenden Sonnenfinsternis (SoFi) überall angeboten wird. Achtung: Eine Sonnenbrille reicht nicht! Wenn man durch ein Fernglas oder ein Fernrohr auf die Sonne schaut, ist das besonders gefährlich. Es gibt spezielle Filter, mit denen man das grelle Sonnenlicht abschwächen kann; beim Fernglas brauchst du natürlich zwei davon. Auch durch das Sucherfernrohr eines Teleskops darfst du niemals ohne Filter Richtung Sonne schauen.

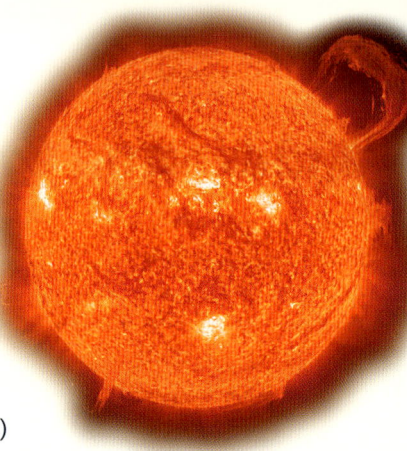

Die Sonne – unser Stern

Sonnenfilter eines Teleskops

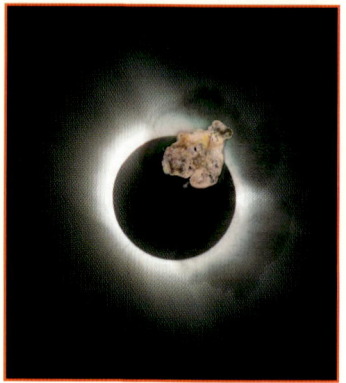

Sonnenfinsternis im März 2006 in der Türkei

Unsere Sonne ist ein Stern wie zahllose andere. Sie sieht nur deshalb anders aus als die Sterne am Nachthimmel, weil sie uns viel näher ist. Der nächste Stern ist fast 300 000 Mal weiter weg als unsere Sonne. In unserem Sonnensystem ist sie der einzige Himmelskörper, der aus eigener Kraft leuchtet. Planeten und Monde bekommen alle ihr Licht von der Sonne. Das gilt natürlich auch für die Erde.

Der kleinste Abstand zwischen Erde und Sonne beträgt 8,17 Lichtminuten.

Schau genau!

Oft gibt es dunkle Flecken auf der Sonne. Da sie sich dreht, scheinen die Flecken zu wandern. Es sind kühlere Stellen auf 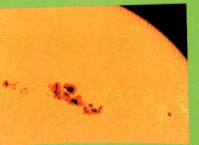 der brodelnden Sonnenoberfläche. Dort ist es „nur" 4 000 Grad Celsius heiß und nicht wie üblich 6 000 Grad. Diese Flecken kannst du beobachten, aber Vorsicht: Dazu nie direkt in die Sonne schauen! Und auf keinen Fall durch das Fernrohr oder das Sucherfernrohr gucken! Was du machen kannst, ist, ein weißes Blatt Papier etwa 30 Zentimeter hinter das Okular zu halten. Das Okular ist die Öffnung des Fernrohrs, in die du normalerweise hineinschaust. Auf dem Blatt erkennst du ein Abbild der Sonne, das du auch scharf stellen kannst. Dieser Trick funktioniert nicht mit einem Fernglas.

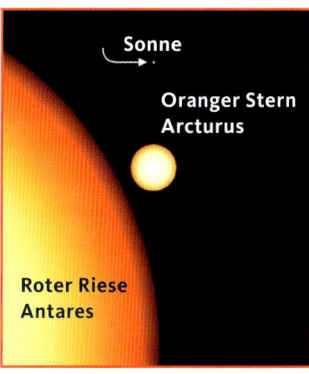

Antares, der Hauptstern im Skorpion, ist ein Roter Riese und 700 Mal größer als unsere Sonne.

Wie die anderen Sterne erzeugt die Sonne ihre Energie durch die Verschmelzung von Atomen. Dabei entsteht aus dem reichlich vorhandenen Wasserstoff das Gas Helium. Den Prozess nennt man Kernfusion. Seit über vier Milliarden Jahren ist er bereits im Gange. Wenn in einigen Milliarden Jahren der Wasserstoff verbraucht ist, wird sich die Sonne zu einem roten Riesenstern aufblähen. Dann wird sie ihre äußeren Gasschichten abwerfen. Am Ende schrumpft sie zu einem Weißen Zwerg und ist dann nur noch so groß wie unsere Erde.

Erstaunlich!

Nicht alle Roten Riesen enden als Weiße Zwerge wie unsere Sonne. Ist der Ausgangsstern deutlich schwerer als unsere Sonne, beginnen auch andere Atome zu verschmelzen. Irgendwann ist aller Brennstoff verbraucht, dann leuchtet der Riesenstern grell auf und explodiert als Supernova. So gelangen Elemente ins Weltall, aus denen auch der menschliche Körper aufgebaut ist. Hättest du gedacht, dass das Kalzium in deinen Knochen und das Eisen in deinem Blut einst von explodierenden Sternen ins Weltall geschleudert wurden?

Der größte Abstand zur Sonne beträgt 8,46 Lichtminuten.

Sonnenfinsternis

Hin und wieder schiebt sich der Mond vor die Sonne. Das klappt nur bei Neumond, wenn der Mond zwischen Sonne und Erde steht. Dann fällt der Mondschatten auf die Erde. Die Erde ist jedoch viel zu groß, um in den kleinen Schatten zu passen. Stattdessen gibt es nur einen dunklen Schatten-„Fleck", der auf der Erde wandert, das ist der Kernschatten, und einen helleren Halbschatten. Wenn die Sonne komplett verschwindet, spricht man von einer „totalen" Sonnenfinsternis, wenn noch eine „Sonnensichel" zu sehen ist, von einer „partiellen" Sonnenfinsternis.

partielle Sonnenfinsternis

totale Sonnenfinsternis

Erde

Halbschatten

Kernschatten

Totale Sonnenfinsternis: Der Mond schiebt sich vor die Sonne und verdunkelt sie. In diesem Moment kann man von der Erde aus die leuchtende Atmosphäre der Sonne, die Korona, gut beobachten. Normalerweise wird sie von der Sonne überstrahlt.

Mond

Mondbahn

Sonnenlicht

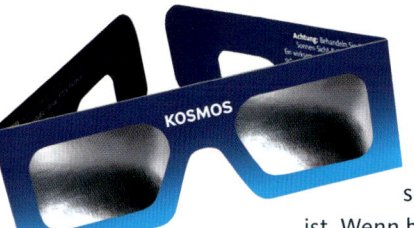

Sonnenfinsternis-Brille

Vorsicht: Auch jetzt niemals direkt in die Sonne schauen! Bei jeder Sonnenfinsternis erblinden Menschen, weil sie nicht wissen, dass auch die schmale Sonnensichel brandgefährlich ist. Wenn bei uns eine Sonnenfinsternis ansteht, findest du überall günstige Sonnenfinsternis-Brillen. Du darfst auch niemals mit einem Fernglas oder Fernrohr das Ereignis beobachten. Für Fernrohre gibt es, wie du weißt, spezielle Sonnenfilter.

Erstaunlich!

Fast jedes Jahr gibt es irgendwo auf der Erde eine Sonnenfinsternis zu beobachten, doch von Deutschland aus sind sie ziemlich selten zu sehen. Die nächste partielle wird am 20. März 2015 stattfinden. Bis zur nächsten totalen Sonnenfinsternis bei uns müssen wir noch lange warten: Die ist erst im September 2081, dann verfinstert sich die Sonne in Süddeutschland und Teilen von Österreich und der Schweiz.

Partielle Sonnenfinsternis

Eine totale Sonnenfinsternis ist ein einmaliges Naturschauspiel: Es wird rasch dunkler, beinahe Nacht. Vögel legen sich schlafen, Fledermäuse, die sonst nur in der Dämmerung aktiv sind, flattern umher. Es wird kühler, wegen des Temperaturabfalls kommt Wind auf. Mit einer Schutzbrille kannst du sehr schön sehen, wie sich der Mond langsam vor die Sonne schiebt. Bei einer partiellen Sonnenfinsternis wird es nicht dunkel, denn die Sonne verschwindet nicht ganz. Du brauchst jedoch auch hier eine Sonnenfinsternis-Brille, um zu erkennen: Die Sonne sieht für kurze Zeit aus wie eine Mondsichel.

Mond

Unser Mond ist fast immer am Nachthimmel zu sehen: entweder als schmale Mondsichel, als Halbmond oder Vollmond. Nur bei Neumond scheint er verschwunden: Dann steht er unsichtbar am Taghimmel. Bei Vollmond findest du ihn genau gegenüber der Sonne. Wenn also die Sonne im Westen untergeht, taucht er im Osten auf. Geht sie am Ende der Vollmondnacht im Osten wieder auf, legt sich der Mond gerade im Westen „schlafen".

Der Mond entstand durch einen gewaltigen Zusammenprall.

Zuletzt waren 1972 Raumfahrer auf dem Mond.

Wichtig zu wissen!

Der Mond ist ein Stück unserer Erde. Die Planetenforscher glauben, dass es vor Milliarden Jahren einen gewaltigen Crash gab. Zusammenstöße waren früher im Sonnensystem viel häufiger als heute. Damals traf es die Erde hart: Ein anderer Planet in Mars-Größe krachte auf sie. Dieser Planet wurde völlig zerstört. Seine Trümmer wurden ins All geschleudert, ebenso Gesteinsbrocken von der Erde. Diese Brocken fügten sich später zum Mond zusammen.

Der Mond ist anders als unsere Erde: Er ist viel kleiner und hat eine geringere Schwerkraft. Die Astronauten, die dort spazieren gingen, konnten trotz schwerer Raumanzüge Luftsprünge machen. Allerdings gibt es auf dem Mond keine Luft. Von der Erde blicken wir immer auf dieselbe Mondseite, seine Vorderseite. Die Mondrückseite wurde erst von Raumsonden erforscht.

Der kleinste Abstand von uns zum Mond beträgt 1,21 Lichtsekunden.

Schau genau!

Wenn nur eine schmale Mondsichel zu sehen ist, kann man bei sehr klarer Sicht manchmal die dunkle Seite des Mondes schwach leuchten sehen. Diese Seite wird zwar nicht direkt von der Sonne beleuchtet, sie bekommt aber etwas Licht von der hellen Erde. Man nennt diesen Effekt „Erdlicht".

Unten sieht man, wie das Licht der Sonne und der wandernde Mond die Mondphasen entstehen lassen. Wenn der Mond sich vom Neumond zur Vollmond-Position bewegt, wird die Mondsichel immer dicker, man spricht dann vom „zunehmenden" Mond. Bewegt er sich vom Vollmond in Richtung Neumond, sagt man, der Mond „nimmt ab". Eine einfache Regel: Krümmt sich die Sichel in die gleiche Richtung wie der „Bauch" von einem kleinen „**a**", so handelt es sich um einen **a**bnehmenden Mond. Siehst du den Mond am Vormittag, nimmt er ab, siehst du ihn am Nachmittag, dann nimmt er zu.

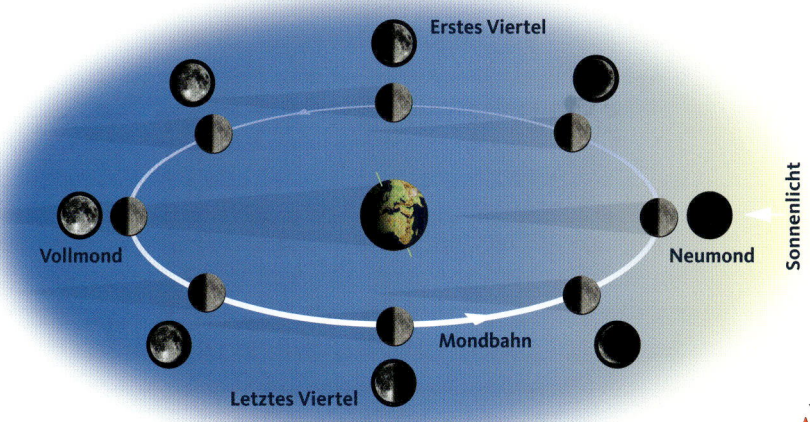

Erstes Viertel

Vollmond

Neumond

Sonnenlicht

Mondbahn

Letztes Viertel

Der größte Abstand zum Mond beträgt 1,35 Lichtsekunden.

Mondfinsternis

Mehrmals pro Jahr bewegt sich der
Mond durch den Schatten der Erde.
Das klappt nur bei Vollmond, wenn die
Erde zwischen Sonne und Mond steht.
Das genaue Datum kann lange vorher
berechnet werden (siehe Kasten).
Der Mond ist viel kleiner als die Erde,
er passt komplett in den Erdschatten.
Ein solches Ereignis solltest du dir nicht
entgehen lassen!

Wichtig zu wissen!

In den kommenden Jahren kannst
du von Deutschland aus mehrere
Mondfinsternisse beobachten:
am 28. September 2015 eine
totale, am 7. August 2017 eine
partielle und am 27. Juli 2018 wieder eine totale Mondfinsternis.

Die einzelnen
Phasen
einer Mond-
finsternis

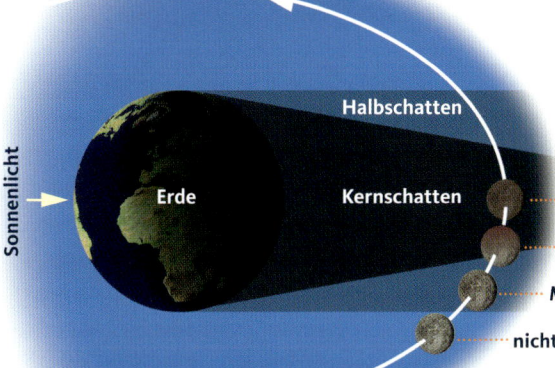

Halbschatten

Sonnenlicht

Erde

Kernschatten

········ totale Mondfinsternis

······ partielle Mondfinsternis

····· Mond im Halbschatten

···· nicht verfinsterter Mond

Mondbahn

Die Zeichnung oben zeigt, dass die Erde in Wirklichkeit einen Kernschatten und ringsum einen Halbschatten wirft. Tritt der Mond komplett in den Kernschatten, spricht man von einer „totalen" Mondfinsternis. Alle anderen sind „partielle" Mondfinsternisse. Bei einer totalen Finsternis verschwindet der Mond scheinbar immer mehr, bis am Ende nur ein schwach orangerot schimmernder Mond übrig bleibt. Danach bekommt er nach und nach wieder mehr Sonnenlicht. Nach einigen Stunden ist alles vorbei.

Schau genau!

Der Mond zeigt der Erde immer die gleiche Seite. Das liegt daran, dass er sich genauso schnell um sich selbst dreht, wie er auch die Erde umrundet. Lange war deshalb unklar, wie die Rückseite des Mondes aussieht. Zuerst konnten russische Raumsonden die Mondrückseite fotografieren. Verglichen mit der Vorderseite sieht sie eher langweilig aus.

Die Rückseite des Mondes

Merkur

Der Merkur ist selten zu sehen und immer
nur in der Dämmerung. Solche Sichtbar-
keiten dauern nur wenige Wochen. Sie sind in
aktuellen astronomischen Kalendern, etwa dem
„Kosmos-Himmelsjahr", aufgeführt. Der Merkur
steht entweder abends im Westen oder vor Sonnen-
aufgang im Osten. Er ist immer sehr nah am Horizont
und du hast kaum eine Stunde Zeit, ihn zu finden. Vorsicht:
Blicke bei deiner Suche niemals in die Sonne, weder mit
bloßem Auge noch mit dem Fernglas. Du könntest erblinden!

Der Merkur zieht
vor der Sonne
entlang.

Merkurs Oberfläche
ist voller Krater.

Erstaunlich!

Der Merkur ist der sonnen-
nächste Planet. Deshalb ist
es dort tagsüber heißer als
in einem Pizzaofen. Doch
manche Stellen auf seiner
Oberfläche sind auch kalt:
Am Nordpol des Merkur
gibt es Krater, die so tief
sind, dass auf ihren Grund
niemals Sonnenlicht fällt.
Dort ist es nicht nur immer
dunkel, sondern auch so
kalt, dass dort Eis gefunden
wurde.

Der Planet ähnelt unserem Mond.
Auch seine Oberfläche hat viele Krater und
wurde bereits vollständig von Raumsonden
fotografiert. Im Teleskop kannst du allerdings keine Krater erkennen, dazu ist die
Vergrößerung zu schwach.

Der Merkur ist zwischen 4,4 und 12 Lichtminuten von uns entfernt.

Venus

Die Venus kann am Abend- oder Morgenhimmel stehen. Sie wird deshalb auch Abend- oder Morgenstern genannt. In Wahrheit ist sie jedoch ein Planet, das heißt übersetzt „Wandelstern", denn wie alle Planeten wandert sie über den Sternenhimmel. Das unterscheidet Planeten von Sternen, die sich untereinander nicht bewegen. Venus kommt der Erde näher als alle anderen Planeten. Sie kann heller leuchten als alle anderen Himmelskörper.

Wichtig zu wissen!

Raumsonden fanden etwa 1 000 Vulkane auf der Venus. Einige Forscher vermuten, dass manche immer noch Lava spucken. Allerdings ist noch kein Venus-Vulkan dabei fotografiert worden. Immerhin haben die Sonden aber verdächtige Schwefelgase in der Venus-Luft gemessen, die auch auf der Erde aus den Kratern von Vulkanen steigen.

Venus-Express-Sonde

Foto der Venus in Falschfarben, in Wirklichkeit ist die Venusatmosphäre nicht blau.

Unser Nachbarplanet Venus zeigt im Fernrohr Phasen wie unser Mond. Im Laufe mehrerer Monate kannst du die Venus als Sichel, als Halbvenus oder fast voll bewundern. Ihre Oberfläche bleibt jedoch unsichtbar – die Venus ist immer in dicke Wolken gehüllt. Die Temperaturen auf der Venus sind rekordverdächtig: 465 Grad Celsius! In der römischen Sagenwelt war Venus übrigens die Göttin der Liebe und der Schönheit.

Die Venus ist zwischen 2,2 und 14,4 Lichtminuten von uns entfernt.

Erde

Lange dachten die Menschen, die Erde wäre die Mitte des Weltalls. Doch Astronomen wie Kopernikus, Galilei und Kepler bewiesen, dass die Erde nur einer von mehreren Planeten ist. Heute sind acht Planeten bekannt, alle kreisen um die Sonne, jeder Planet auf seiner eigenen Umlaufbahn.

Mit der Erde haben wir den besten Platz getroffen: Wir halten so viel Abstand von der heißen Sonne, dass hier angenehme Temperaturen herrschen. Anders auf Venus und Merkur: Sie sind der Sonne näher und tagsüber höllische Glutöfen. Mars, Jupiter, Saturn, Uranus und Neptun sind dagegen weiter von der Sonne entfernt, deshalb ist es dort viel kälter.

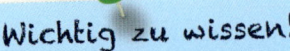

Wichtig zu wissen!

Wenn du nicht gerade im Meer schwimmst, dann bewegst du dich auf der festen Erdoberfläche. Auch die Mondoberfläche ist fest, Astronauten sind dort schließlich spazieren gegangen. Jupiter, Saturn, Uranus und Neptun haben jedoch keine festen Oberflächen, deshalb können dort keine Raumschiffe landen. Ihre Monde dagegen enthalten meist viel Eis und haben eine harte Kruste.

Unser Heimatplanet

Auf keinem Planeten außer der Erde gibt es Luft zum Atmen. Zwar hat der Mars eine dünne Mars-Luft, doch sie enthält keinen Sauerstoff. Der Merkur hat überhaupt keine Atmosphäre. Unsere einzigartige Erde müssen wir also pfleglich behandeln.

Blick auf die Erde aus der ISS

Weht der Sonnenwind stark, kann man das Magnetfeld der Erde sogar sehen, als wunderschöne bunte Polarlichter.

 Wenn du einen Kompass hast, dann weißt du: Er zeigt immer nach Norden. Das liegt am Erdmagnetfeld. Dieses ist lebenswichtig, denn es hält die kosmische Strahlung von der Erde fern, auch den Sonnenwind. Das ist ein Strom aus geladenen Teilchen. Weht der Sonnenwind stark, können Satelliten und Funkverbindungen gestört werden. Ganz ohne Magnetfeld hätte sich niemals Leben auf der Erde entwickeln können!

Erddrehachse

magnetischer Pol

geografischer Nordpol

Magnetfeldlinien

Magnetfeldlinien

geografischer Südpol

magnetischer Pol

Erddrehachse

Erstaunlich!

Der geografische Nordpol und der magnetische Pol in der Arktis sind nicht an derselben Stelle, und der magnetische Pol ändert sich ständig. Zurzeit liegt er in Kanada und wandert jeden Tag beachtliche 90 Meter in Richtung Nord-Nordwest, das sind immerhin 30 Kilometer pro Jahr. Da die Namen der Landebahnen auf Flughäfen am Kompass orientiert sind, müssen diese wegen der ständigen Änderung der Magnetpole immer wieder umbenannt werden.

Jahreszeiten

Du weißt sicher, dass sich die Erde in 24 Stunden um sich selbst dreht und in einem Jahr um die Sonne wandert. Woher kommen aber die Jahreszeiten? Die Achse, um die sich die Erde dreht, ist geneigt. Deutschland und Europa liegen auf der nördlichen Halbkugel der Erde. Wenn bei uns Winter ist, neigt sich die Nordhalbkugel von der Sonne weg. Die Sonne steht tief und die Tage sind kurz – es ist kalt. Wenn sich dagegen die Nordhalbkugel Richtung Sonne neigt, ist bei uns Sommer. Die Sonne steht dann höher am Himmel, die Tage sind länger und es ist warm. Ist bei uns Sommer, herrscht auf der Südhalbkugel Winter und umgekehrt.

Frühling

Sommer

Herbst

Winter

Mach mit!

Ohne eine stabile schiefe Achse gäbe es keine Jahreszeiten. Im Frühjahr wandert der Punkt, an dem am Horizont die Sonne aufgeht, nach Norden. Er bewegt sich also nach Nordosten. Ähnliches gilt für den Punkt des Sonnenuntergangs, der wandert nach Nordwesten. Im Herbst wandern beide Punkte wieder zurück. Merke dir jeden Abend den Punkt des Sonnenuntergangs und beobachte, wie er sich langsam verschiebt!

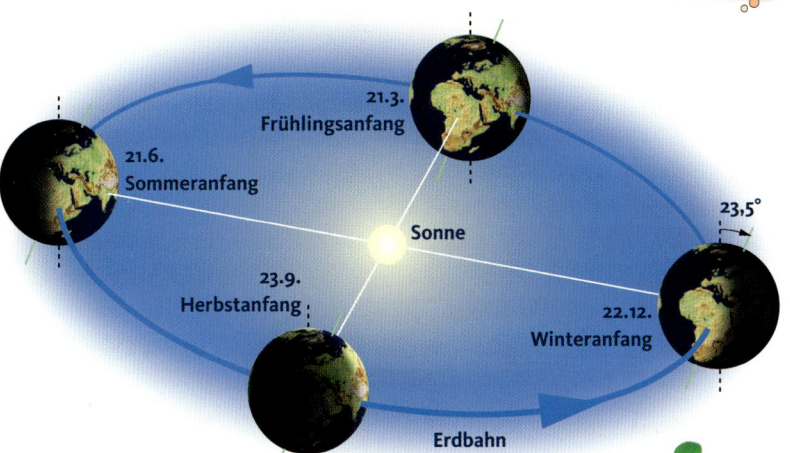

21.3.
Frühlingsanfang

21.6.
Sommeranfang

Sonne

23,5°

23.9.
Herbstanfang

22.12.
Winteranfang

Erdbahn

Auf der ganz linken Erdkugel kannst du sehen, warum die Sonne im Sommer in Europa hoch am Himmel steht: Die geneigte Erdachse „hält" Europa sozusagen Richtung Sonne. Bei der rechten Erdkugel neigt sich Europa von der Sonne weg. Dadurch steht die Sonne sehr tief und die Sonnenstrahlen fallen schräg auf die Nordhalbkugel.

Wichtig zu wissen!

Andere Planeten haben keine so stabile Achse wie die Erde. Man nimmt an, dass unser recht großer Mond dazu beiträgt, dass die Erde im Raum nicht taumelt. Ohne den Mond gäbe es also keine richtigen Jahreszeiten.

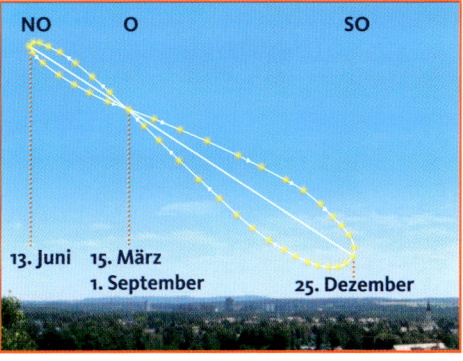

NO   O   SO

13. Juni   15. März
1. September   25. Dezember

Wenn man die Sonne ein Jahr lang immer wieder zur selben Uhrzeit fotografiert, kommt ein solches Muster heraus, genannt Analemma.

Mars

Der Mars ist im Sonnen-
system unser Nachbar.
Manchmal ist er für einige
Wochen die ganze Nacht
lang zu beobachten. Dann
ist er der Erde besonders
nah und dadurch beson-
ders hell. Du erkennst ihn
auch an seinem roten Licht.
Das passiert wieder Anfang April
2014, wenn der Mars durch das Sternbild Jungfrau wandert. Auch im Mai
2016 kommt er uns wieder nahe. Doch
auch in der Zwischenzeit kann man
den Mars häufig beobachten.

**Der Rote Planet ist der
Erde am ähnlichsten.**

**Wenn der Mars groß ist, steht er uns
besonders nah.**

Schau genau!

**Am Marsnordpol kannst du
durch ein mittleres Fernrohr
einen hellen Fleck erkennen: die
vereiste Polkappe. Du brauchst
dazu die größte Vergrößerung.
Wenn am Nordpol gerade
Mars-Winter ist, ist die Kappe
besonders groß. Am Südpol
gibt es ebenfalls eine Eiskappe.
Manchmal tauchen weißliche
Flecken auf: Eiswolken, die
viele Kilometer hoch über der
Marsoberfläche stehen. Durchs
Fernrohr siehst du außerdem
helle und dunkle Flecken: Das
sind Wüsten. Der Boden dort hat
unterschiedlich helle Farben.**

Der kleinste Abstand zwischen Mars und Erde beträgt 3,1 Lichtminuten.

Wichtig zu wissen!

Dutzende Raumsonden mit dem Ziel Mars wurden bislang gestartet. Einige flogen nur kurz vorbei, andere umkreisen den Roten Planeten. Aus der Umlaufbahn schicken sie viele neue Bilder. Manche sind so scharf, dass sie

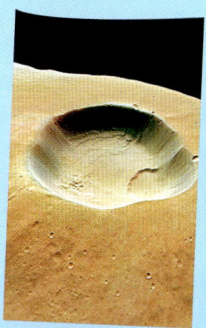

Vulkankrater

noch ein Kettcar auf der Oberfläche zeigen würden. Anderen Sonden gelang die Landung. Viermal schafften es sogar automatische Marsautos wohlbehalten zur Marsoberfläche (Seite 71).

Der Mars ähnelt der Erde stärker als alle anderen Planeten. Die dünne Mars-Luft enthält jedoch keinen Sauerstoff, ein Mensch würde dort immer einen Raumanzug brauchen. Auf dem Mars gibt es auch Frühling, Sommer, Herbst und Winter. Doch nur an Sommertagen ist es auf dem Mars einigermaßen erträglich, weil der Planet weiter von der Sonne entfernt ist als unsere Erde. Nachts und im Winter wird es sehr kalt. Raumsonden haben riesige Vulkane auf dem Mars gefunden.

Die Marsoberfläche ist durch die Sonden und Marsautos gut erforscht. Zum Beispiel fand man Spuren früherer Seen. Vor langer Zeit, bevor der Mars zur trockenen Wüste wurde, gab es dort also Wasser. Manche Wissenschaftler vermuten, dass sich damals auch Leben bildete. Konnte es an geschützten Orten bis heute durchhalten? Zukünftige Raumsonden oder Astronauten müssen das herausfinden.

Staub und Eis auf dem Mars

Der größte Abstand zum Mars beträgt 22,1 Lichtminuten.

Jupiter

Von allen Planeten ist der Jupiter der größte, er ist sogar 318 Mal schwerer als die Erde! Dabei besteht er fast nur aus Gas, wie alle äußeren Planeten unseres Sonnensystems. Etwa alle 13 Monate sind sich Erde und Jupiter besonders nah, dann ist er die ganze Nacht zu sehen, zum Beispiel Anfang Januar 2014 im Sternbild Zwillinge (Seite 22). Sein weißes Licht leuchtet dann sehr hell, Jupiter ist dadurch leicht zu finden. In der griechischen Götterwelt ist Jupiter der mächtigste Gott.

Schau genau!

Schon mit einem kleinen Fernrohr erkennst du auf dem Jupiter dunkle Streifen. Das sind Wolkenbänder nahe des Jupiteräquators. Wer genau hinsieht, erkennt, dass Jupiters Form einer zusammengedrückten Apfelsine ähnelt. Die Forscher nennen das Abplattung. Durch ein Fernrohr zeigen sich schon in wenigen Stunden Veränderungen an Jupiters Wolken. Das liegt daran, dass sich der Planet in weniger als zehn Stunden einmal um sich selbst dreht. Die Erde braucht dafür immerhin 24 Stunden.

Jupiters Großer Roter Fleck ist ein riesiger Wirbelsturm, mehr als doppelt so groß wie unsere Erde. Doch anders als bei uns ist dieser Sturm nicht nach ein paar Tagen vorbei. Er wird seit Jahrhunderten beobachtet. Kleinere Wolkenwirbel in Jupiters Atmosphäre entstehen dagegen immer wieder neu. Manchmal stoßen zwei zusammen und verschmelzen miteinander.

Großer Roter Fleck

Der größte Planet im Sonnensystem ist Jupiter.

Der kleinste Abstand von uns zum Jupiter beträgt 32,7 Lichtminuten.

Der Jupiter hat über 60 Monde. „Mond" ist nämlich nicht nur der Name unseres Erdmondes, sondern die allgemeine Bezeichnung für den Begleiter eines Planeten. Die vier hellsten Jupitermonde findest du mit einem Fernglas. Da sie den Planeten schnell umkreisen, wechseln sie täglich ihre Stellung. Besonders nah am Jupiter steht Io, er braucht weniger als zwei Tage für den kompletten Umlauf. Europa macht das in weniger als vier Tagen. Ganymed ist etwa sieben und Kallisto 17 Tage unterwegs. Ganymed ist der größte Mond im ganzen Sonnensystem.

Wichtig zu wissen!

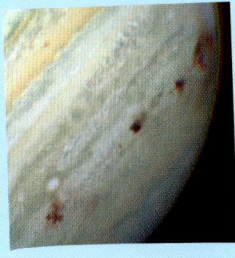

Im Jahr 1994 stürzte der Komet Shoemaker-Levi-9 auf den Jupiter. Astronomen hatten das vorausberechnet und konnten im richtigen Moment ihre Fernrohre auf den Jupiter richten. Vor dem Zusammenstoß zerbrach der Komet. Die Bruchstücke schlugen in Jupiters Atmosphäre ein und explodierten. Die Galileo-Sonde, die gerade auf dem Weg zum Jupiter war, konnte den Einschlag live fotografieren; spektakuläre Bilder entstanden.

Der Jupitermond Io ist etwa so groß wie unser Mond. Doch er sieht ganz anders aus: Seine Oberfläche ist orange und gelb – Forscher haben sie deshalb mit einer Pizza verglichen. Das kommt vom vielen Schwefel, den Vulkane ständig ausspucken. Die Feuerberge auf Io sind so aktiv, dass in wenigen Jahren einige Gebiete stark verändert wurden. Das konnten Raumsonden fotografieren. Der Mond Europa dagegen ist eine Eiswüste.

Jupiter und sein Mond Io

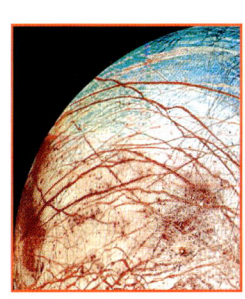

Jupitermond Europa

Der größte Abstand zum Jupiter beträgt 53,7 Lichtminuten.

Saturn

Wenn der Saturn günstig steht, gehört er zu den hellsten Objekten am Himmel. Etwa alle 13 Monate ist er für einige Wochen die ganze Nacht zu beobachten. Er leuchtet dann gelblich wie ein heller Stern und ist mit bloßem Auge leicht auszumachen. Um seinen Ring zu erkennen, brauchst du aber ein kleines Fernrohr. Wie der Jupiter besteht auch der Saturn hauptsächlich aus Gasen.

Der sechste Planet ist der schönste: Er hat einen Ring! Hier siehst du eine Amateuraufnahme.

Saturnringe

Schau genau!

Die Ringe werfen einen dunklen Schatten auf den Saturn, den du durch das Fernrohr erkennen kannst. Der Planet selbst wirft wiederum Schatten auf die Ringe. Mit dem Fernrohr siehst du auch einige schwache Lichtflecke, die um den Saturn herumwandern: Das sind seine hellsten Monde. Erst wieder 2023 wird man von der Erde aus genau auf die Kante der Ringe sehen. Da sie sehr dünn sind, werden sie dann für einige Wochen unsichtbar sein. In dieser Zeit sieht man die Monde besonders gut.

Der Saturnring besteht hauptsächlich aus kleinen Eisstücken und großen Eisbrocken. Manche Brocken sind so groß wie Hochhäuser. Diese Mischung umkreist den Planeten und bildet mehrere tausend Einzelringe. Wie diese Ringe entstanden? Möglicherweise wurde einst ein Saturnmond bei einem Zusammenstoß mit einem Asteroiden zerstört. Seine Bruchstücke verteilten sich in der Umlaufbahn und formten die prächtigen Ringe.

Der kleinste Abstand von uns zum Saturn beträgt 66,2 Lichtminuten.

Saturnmonde

Bisher wurden 62 Saturnmonde gefunden, der hellste ist Titan. In besonders klaren Nächten kannst du durch das Fernrohr weitere erkennen: Davon ist Rhea am besten zu sehen, er steht dem Saturn meist näher als Titan und umkreist ihn in rund vier Tagen. Die Monde Dione, Tethys und Iapetus lässt man sich am besten in einer Sternwarte zeigen. Der kleine Mond Enceladus spuckt Eiskristalle ins Weltall, die einen eigenen dunklen Ring bilden.

Wichtig zu wissen!

Die Raumsonde Cassini war sieben Jahre unterwegs, bis sie 2004 den Saturn erreichte. Mittlerweile hat man durch sie viele Entdeckungen gemacht und tolle Fotos geschossen. Die Bilder zeigen zum Beispiel, dass dort starke Stürme toben. Dann rasen die Saturnwolken schneller als ein Formel-1-Rennwagen. Im Januar 2005 landete die Huygens-Sonde auf Titan. Sie war gemeinsam mit Cassini gestartet worden und Huckepack an ihr Ziel gelangt. Erstmals gab es Fotos aus dieser fernen Welt.

Cassini-Bremsmanöver

Titanoberfläche

Titan ist zwar ein Mond, doch er ist so groß wie ein Planet und nach dem Jupitermond Ganymed der zweitgrößte Mond im Sonnensystem. Er umkreist in 16 Tagen den Saturn und ist der einzige Mond mit einer Atmosphäre. Diese enthält hauptsächlich Stickstoff, genau wie die Luft der Erde. Doch Sauerstoff, den wir zum Atmen brauchen, gibt es nicht. Da Titan viel weiter von der Sonne entfernt ist als die Erde, ist dort alles Wasser gefroren. Es ist sogar so kalt, dass einige Gase flüssig werden. Cassini hat auf Titan ganze Seen aus flüssigem Gas entdeckt.

Der größte Abstand zum Saturn beträgt 92,1 Lichtminuten.

Uranus und Neptun

Diese beiden wurden erst mit Fernrohren entdeckt, anders als die bisher besprochenen Planeten. Der Uranus kann zwar gerade noch mit bloßem Auge ausgemacht werden, doch er ist sehr unauffällig. Um ihn zu finden, brauchst du eine aktuelle Aufsuchkarte, wie sie in astronomischen Kalendern abgedruckt sind. Das Gleiche gilt für den Neptun. Besser beobachtest du Uranus gleich im Fernglas, für Neptun musst du ein kleines Fernrohr zu Hilfe nehmen.

Uranus

Neptunmond Triton

Schau genau!

Etwa einmal pro Jahr sind Uranus und Neptun die ganze Nacht lang sichtbar. Anfang Oktober 2014 ist das für Uranus der Fall, er steht dann im Sternbild Fische. Wenn du ihn aufgespürt hast, kannst du mit dem Fernglas seine grün-bläuliche Farbe erkennen. Er sieht aus wie ein normaler Stern. Im Fernrohr erkennst du ihn bei stärkster Vergrößerung vielleicht als winziges Scheibchen. Das ist bei Sternen anders, sie sind auch im Fernrohr immer nur Lichtpunkte. Neptun ist Ende August 2014 die ganze Nacht zu sehen. Er steht dann im Sternbild Wassermann.

Beide Planeten sind sehr weit von der Sonne entfernt. Ihr Weg um die Sonne ist deshalb viel länger als der für unsere Erde: Uranus braucht 84 Jahre, Neptun fast 165 Jahre für eine einzige Umkreisung der Sonne. Unsere Erde schafft das in einem Jahr.

Zu Uranus sind es maximal 175,5 und zum Neptun 260,5 Lichtminuten.

Pluto und der Kuiper-Gürtel

Der Pluto ist ein Zwergplanet. Er ist sehr dunkel, weil er sehr weit entfernt um die Sonne kreist. Für eine Umkreisung braucht er fast 248 Jahre. Durch das eigene Fernrohr kannst du ihn nicht beobachten, dazu ist sein Licht zu schwach. Selbst in Volkssternwarten wird er kaum gezeigt.

Wichtig zu wissen!

Der Kuiper-Gürtel beginnt hinter dem Neptun. Außer dem Pluto gibt es dort viele weitere Himmelskörper. 1992 fanden die Astronomen den ersten, seitdem wurden etwa 1300 weitere Körper entdeckt. Manche sind geformt wie Kartoffeln und nicht größer als ein Hochhaus. Andere sind viel größer und kugelförmig – fast wie richtige Planeten. Für kleine Fernrohre sind die Kuiper-Objekte zu dunkel. Aber eine Raumsonde, die 2015 den Pluto erreicht, wird auch ein Kuiper-Objekt aus der Nähe fotografieren.

Pluto-Sonde

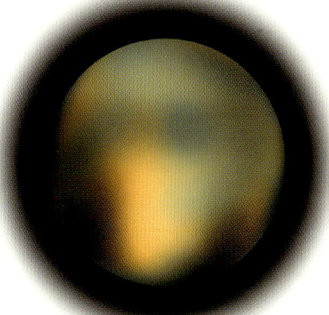

Der Pluto aufgenommen mit dem Hubble-Weltraumteleskop

Als der Pluto 1930 entdeckt wurde, glaubten die Forscher, er wäre ein großer Planet. Doch bald wurde klar, dass er viel kleiner ist als ursprünglich gedacht. Heute weiß man: Er ist sogar kleiner als unser Mond! Seit 2006 wird er offiziell nicht mehr zu den „Planeten" unseres Sonnensystems gezählt. Pluto selbst hat fünf Monde: Charon, Nix, Hydra und zwei neu entdeckte Monde. Sie haben noch keine Namen. Auf Pluto ist es bitterkalt, die Temperaturen liegen unter minus 200 Grad Celsius.

Der größte Abstand zwischen Erde und Pluto beträgt 418 Lichtminuten.

Kometen und Meteorite

Immer wieder tauchen überraschend Kometen am Himmel auf. Es sind Brocken aus Eis, Staub und Steinen, die um die Sonne kreisen. Man nennt sie auch Kometenkerne. Die meiste Zeit über sind sie recht unauffällig. Wenn ein Kometenkern jedoch in die Nähe der Sonne kommt, schießen durch die Sonnenwärme ganze Fontänen aus Gas und Staub aus ihm heraus: Ein Kometenschweif entsteht. Er reicht dann weit hinaus ins Weltall. Deshalb heißen Kometen auch Schweifsterne.

Komet Borelly mit Deep-Space-1-Sonde

Komet McNaught 2007

Berühmt ist der Halleysche Komet. Alle 76 Jahre kommt er in die Nähe der Sonne, zuletzt war das 1986. Damals flogen mehrere Raumsonden dem Halleyschen Kometen entgegen. Die europäische Sonde Giotto schoss als Erste ein Foto von seinem Kern. Im Jahr 2005 stürzte die Nasa-Sonde Deep Impact in einen anderen Kometenkern, um zu erforschen, wie es unter der Oberfläche aussieht. 2014 wird es besonders spannend: Dann soll die europäische Rosetta-Sonde sogar auf einem Kometen landen.

Der Asteroid Apophis wird sich uns 2029 bis auf 31 000 Kilometer nähern ...

**Asteroid
Itokawa**

Schau genau!

Jedes Jahr in den Tagen um den 12. August sind besonders viele Sternschnuppen zu sehen. Es scheint so, als würden die Schnuppen aus dem Sternbild Perseus kommen, deshalb nennt man sie Perseiden. Warum passiert das immer im August? Unsere Erde kreuzt zu diesem Zeitpunkt die Bahn des Kometen Swift-Tuttle, der die Sonne innerhalb von 133 Jahren umkreist. Auf seiner Bahn haben sich viele Staubkörner angesammelt. Wenn dieser Staub in unsere Lufthülle eindringt, verglüht er – und wir sehen Sternschnuppen!

Zwischen Mars und Jupiter umkreisen besonders viele kleine Planeten die Sonne. Anders als Kometen bestehen sie größtenteils aus Gestein. Sie sind nur mit dem Fernglas oder einem Fernrohr zu beobachten. Zusätzlich braucht man dazu aktuelle Aufsuchkarten. Der hellste Asteroid, so nennen Astronomen diese kleinen Planeten, heißt Vesta.

Wichtig zu wissen!

Asteroiden können zerbrechen, zum Beispiel bei Zusammenstößen. Wenn solche Weltraumsteine auf die Erde fallen, nennt man sie Meteorite. Jedes Jahr werden tausende von ihnen gefunden. Seltene Stücke sind sogar richtig wertvoll. 2002 fand ein Berliner Sternenfreund einen kostbaren Meteoriten nahe des bayerischen Schlosses Neuschwanstein. Er verkaufte ihn dem Land Bayern. Jetzt kannst du den Stein im Rieskrater-Museum in Nördlingen bewundern. Das Museum steht genau an der Stelle, wo vor fast 15 Millionen Jahren ein riesiger Brocken einschlug. Noch heute sind die Wälle des kilometergroßen Kraters zu erkennen.

Meteorit, gefunden in Libyen

Das entspricht einem Abstand von nur einer Zehntel-Lichtsekunde!

Doppelsterne

Ungefähr die Hälfte aller Sterne haben einen zweiten Stern als Begleiter, manchmal sogar mehr als einen. Oft sind sie schon gemeinsam entstanden, manche haben mit ihrer Schwerkraft später einen anderen Stern „eingefangen".
Aber nur Sterne, die sich umkreisen, sind „echte" Doppelsterne! Sterne, die für uns scheinbar nahe beieinanderstehen, können tatsächlich viele Lichtjahre voneinander entfernt sein.

Epsilon Lyrae besteht eigentlich aus vier Sternen, gut sehen kann man aber nur zwei davon.

Doppelstern Albireo im Schwan

Schau genau!

Gut zu beobachten sind der Stern Epsilon in der Leier mit vier Einzelsternen und Albireo im Schwan, der ein Doppelstern ist (Seite 26 und 27). Im Stier (Seite 24) kannst du die beiden Sterne von Omikron mit bloßem Auge trennen, für Gamma Andromedae (Seite 15) brauchst du ein kleines Fernrohr. Dann wirst du mit einem orangefarbenen Hauptstern und einem bläulichen Begleiter belohnt.

Wenn zwei Sterne einander umkreisen, kommt es vor, dass einer hinter dem anderen verschwindet. Man nennt diese Sterne auch „bedeckungsveränderliche Sterne". Der bekannteste ist Algol im Perseus (Seite 17). Er ändert seine Helligkeit alle drei Tage: Immer wenn der dunklere Stern sich vor den helleren schiebt, erscheint Algol dunkler.

Albireo ist 390 Lichtjahre von uns entfernt.

Veränderliche Sterne

Es gibt auch andere Arten veränderlicher Sterne. Einer von ihnen ist Mira im Walfisch; der Walfisch steht links neben dem Sternbild Fische (Seite 80). Mira ist ein gewaltiger Roter Riese, viel größer als unsere Sonne. Manchmal ist er auffällig hell, dann wieder so dunkel, dass er nur durch das Fernrohr zu sehen ist. Mira wurde vor über 400 Jahren entdeckt, doch erst im Jahre 2006 fanden die Astronomen heraus, dass Mira einen Schweif hat, der ähnlich aussieht wie ein Komet. Bis heute ist unklar, warum Mira seine Helligkeit so stark ändert.

Oben: Der Weiße Zwerg Mira B saugt ständig Materie von dem Roten Riesen Mira A ab (Zeichnung). Unten: Die beiden Sterne senden Röntgenstrahlen aus, die man mit einem Röntgenteleskop einfangen kann.

Der eher unscheinbare Stern Cor Caroli in den Jagdhunden, einem dunklen Sternbild unterhalb der Deichsel des Großen Wagens, hat es in sich: Sein starkes Magnetfeld sorgt dafür, dass auf seiner Oberfläche immer wieder große dunkle Flecken auftauchen. Deshalb ändert er seine Helligkeit: Sind gerade große Flecken da, so ist Cor Caroli dunkler, bei wenigen oder gar keinen Flecken strahlt er heller. Diese Effekte kann man leider nur mit einer Profiausrüstung beobachten.

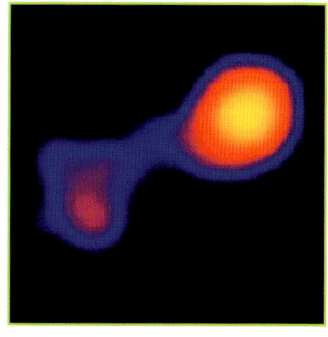

Mira ist ungefähr 300 Lichtjahre von uns entfernt.

Sternhaufen und Nebel

Neue Sterne entstehen innerhalb großer
Gas- und Staubmassen. Sie bilden sich
meist in Gruppen, beobachten können
wir dann „offene Sternhaufen". Diese
sind nicht sehr stabil und verlieren in
Millionen Jahren wieder viele Sterne. Der
bekannteste Sternhaufen sind die Plejaden im Sternbild Stier (Seite 24). Auch im
Orionnebel gibt es Regionen, in denen
Sterne entstehen (Seite 18).

Offener Sternhaufen NGC 290

Kugelsternhaufen M 13

Schau genau!

Ein Sternhaufen, den du gut beobachten kannst, ist Praesepe oder
M 44 im eher dunklen Sternbild
Krebs zwischen Zwillingen und
Löwe. Über 300 Sterne sind hier
in 182 Lichtjahren Entfernung
versammelt. Mit bloßem Auge
gut zu sehen ist auch M 35 in den
Zwillingen (Seite 22).

Eine andere Sorte Sternhaufen nennt
sich Kugelsternhaufen. Sie enthalten
viel mehr Sterne und sind in der Regel
ziemlich stabil. Ihre Sterne sind sehr
alt und weit von uns entfernt. Sie umgeben die Milchstraße wie eine Wolke.

**Sehr alte Kugelsternhaufen
(weiße Punkte) umgeben unsere
Galaxie.**

Die Plejaden sind 380 Lichtjahre von uns entfernt.

Es gibt jede Menge „Nebel" aus Gas und Staub. Manche dieser Nebel leuchten selbst, angeregt durch einen heißen Stern, zum Beispiel der Orionnebel (Seite 18). Andere spiegeln das Licht naher Sterne, wie etwa die Plejaden (Seite 24). Wieder andere bestehen aus der abgestoßenen Gashülle eines heißen Sterns, wie der Ringnebel in der Leier (Seite 27) oder der Eskimonebel in den

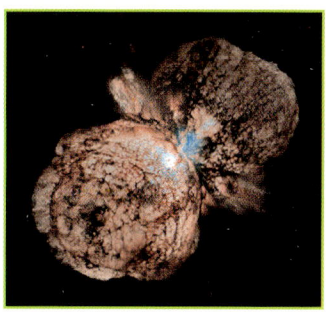

Homunkulus-Nebel um den Stern Eta Carina

Zwillingen (Seite 22). Der Krebsnebel im Sternbild Stier (Seite 24) ist der Überrest einer Supernova-Explosion aus dem Jahr 1054. Astronomen in China und Flandern konnten sie sogar am Tageshimmel sehen und hinterließen Aufzeichnungen über ihre Beobachtungen. Insgesamt sind 13 historische Dokumente bekannt, in denen diese Sternexplosion beschrieben wird.

Dunkelwolken wie der Pferdekopfnebel dagegen verdecken das Licht der Sterne, die aus unserer Sicht „dahinter" liegen. Aufgepasst: Galaxien und Nebel sehen durch das Fernglas oder Fernrohr zum Verwechseln ähnlich aus – es sind aber völlig unterschiedliche Objekte.

Der Pferdekopfnebel ist eine Dunkelwolke aus kaltem Gas und Staub und erinnert in seiner Form an einen Pferdekopf.

Der Pferdekopfnebel ist 1 500 Lichtjahre von uns entfernt.

Milchstraße

Im Sommer und Herbst kannst du das neblige Band der Milchstraße besonders gut beobachten, zum Beispiel in den Sternbildern Schwan (Seite 26), Kassiopeia (Seite 14) und Perseus (Seite 17). Wenn du im Süden Urlaub machst, findest du es auch in den Sternbildern Schütze (Seite 82) und Skorpion (Seite 34). Auf jeden Fall brauchst du eine dunkle Beobachtungsstelle, am besten außerhalb der Stadt, vielleicht in den Bergen oder am Meer.

Wichtig zu wissen!

Die Milchstraße ist riesig: Das Licht braucht über hunderttausend Jahre, um von einem Ende zum anderen zu gelangen. Wie alle anderen Sterne umkreist unsere Sonne die Mitte der Spirale. Doch weil die Entfernung zur Mitte so gewaltig ist, braucht sie sehr lange für eine Umkreisung. Es dauert 250 Millionen Jahre, bis wir einmal herum sind!

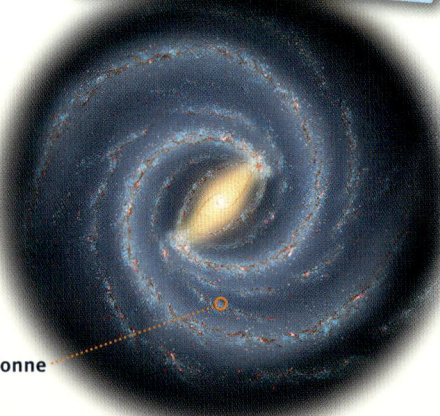

Sonne

Unsere Heimatgalaxie sieht aus wie ein helles Band.

Die meisten Sterne gehören zu großen Gebilden, die wie eine Spirale aussehen können: zu Galaxien. Unsere Heimatgalaxie ist die Milchstraße. Mit der Sonne und allen unseren Planeten sitzen wir mitten in einem Spiralarm. Deshalb können wir die Spirale der Milchstraße nicht erkennen. Alle Sterne oder Nebel, die du mit bloßem Auge beobachten kannst, gehören zur Milchstraße, mit Ausnahme des Andromedanebels M 31 (Seite 15).

Unsere Sonne ist vom Zentrum der Milchstraße 26 000 Lichtjahre entfernt.

Galaxien

Mit bloßem Auge ist die
einzige fremde Galaxie,
die man sieht, der
Andromedanebel
M 31 (Seite 15).
Mit Fernrohren
findet man
viele weitere.
Manche sind
eher eiförmig,
andere haben gar
keine regelmäßige
Form, sie sehen aus wie
zerzauste Sternenwolken.
Ein Beispiel dafür ist die kleine
Galaxie, die neben M 51 steht. Sie
wird von den Anziehungskräften
von M 51 verformt.

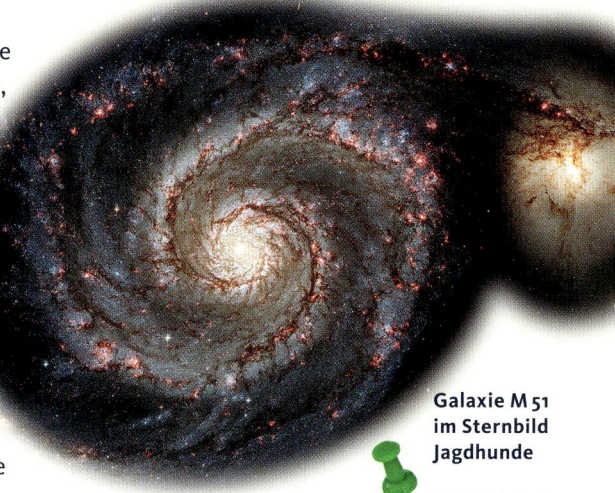

Galaxie M 51
im Sternbild
Jagdhunde

Wichtig zu wissen!

Unsere Milchstraße und der Andromedanebel M 31 bilden mit einigen
anderen einen Galaxienhaufen. Doch
manchmal geraten auch Nachbarn
aneinander. Astronomen haben berechnet: In einigen Milliarden Jahren
werden Milchstraße und M 31 zusam-
menstoßen! Das wird beide Galaxien
ihre schöne Spiralform kosten.

Galaxien im Zusammenstoß:
NGC 2207 und IC 2163

Erstaunlich!

Allein unsere Galaxie hat
Milliarden Sterne, fast alle sind
für das bloße Auge unsichtbar.
Denn bei sehr guter Sicht sind
am gesamten Nachthimmel nur
etwa 3 500 Sterne zu erkennen.
Woran liegt das? Die allermeisten
Sterne sind viel zu weit entfernt,
um sie ohne Fernrohr zu sehen.
Manchmal versperren auch
dunkle Staubwolken den Blick.

Der Andromedanebel ist 2,5 Millionen Lichtjahre von uns entfernt.

Exoplaneten

Über Jahrtausende waren nur die Planeten unseres Sonnensystems bekannt, doch seit 1995 werden jede Menge Planeten um andere Sterne entdeckt: Bislang sind fast 900 „extrasolare Planeten" gefunden worden, also Planeten, die andere Sterne umkreisen als unsere Sonne, kurz Exoplaneten. Die ersten, die von Forschern beobachtet wurden, waren sehr große Planeten, die eng um ihren Stern kreisten. Jetzt werden auch immer mehr Planeten in Erdgröße entdeckt.

So stellt sich ein Künstler das Planetensystem vor, das den Roten Zwergstern Gliese-581 innerhalb der Lebenszone umkreist.

Wichtig zu wissen!

Eine Voraussetzung für Leben, wie wir es von der Erde kennen, ist flüssiges Wasser. Der Planet muss einen bestimmten Abstand zu seinem Stern haben, damit Wasser dort weder verdampft noch einfriert. Diesen Abstand nennt man „Lebenszone". Außerdem braucht die Entwicklung von Leben Milliarden Jahre. Der Stern sollte also recht alt werden. Riesensterne brennen dafür aber zu kurz.

Der Stern Gliese 581 ist 20 Lichtjahre von uns entfernt.

Künstlerische Darstellung eines gefundenen Riesenplaneten um den Stern Beta Pictoris im Süd-Sternbild Maler

Bei diesem Thema fragen sich alle: Könnte es auch auf anderen Planeten Leben geben? Ein Planet sollte für Leben auch eine Atmosphäre haben, die am besten Wasser und Sauerstoff enthalten müsste. Außerdem hilft ein natürlicher Treibhauseffekt: Damit ist das Speichern von Wärme in der Atmosphäre gemeint. Ohne diesen Effekt wäre die ganze Erde vereist. Ein Magnetfeld wäre auch nicht schlecht, dadurch wird die gefährliche kosmische Strahlung abgeschirmt (Seite 46).

Erstaunlich!

Forscher diskutieren auch, ob es womöglich Leben auf Planeten oder Monden knapp außerhalb der Lebenszone geben kann, zum Beispiel auf dem Jupitermond Europa, unter dessen Eisschicht flüssiges Wasser ist, oder auf Monden großer Exoplaneten. Außerdem wird geprüft, ob es Lebenszonen um andere Sternsorten geben kann, zum Beispiel um Weiße oder Rote Zwerge.

Mit hochauflösenden Teleskopen wollen Forscher künftig versuchen, genau in dem Moment, in dem ein ferner Planet vor seinem Stern vorbeizieht, das Sternenlicht zu messen. Veränderungen in der Lichtfarbe geben nämlich Hinweise auf die Zusammensetzung der Atmosphäre des Planeten. Bei der Suche nach außerirdischem Leben würden sich die Forscher über Wasserstoff, Sauerstoff und Methan freuen. Diese Gase deuten auf Leben hin, wie wir es von der Erde kennen. Aber wer weiß: Vielleicht gibt es dort draußen ganz andere Lebensformen?

Der Stern Beta Pictoris ist 63 Lichtjahre von uns entfernt.

Profi-Teleskope

Teleskope brauchen einen möglichst wolkenlosen Himmel und eine geringe „Lichtverschmutzung" durch Stadtlichter. Deshalb finden astronomische Beobachtungen für die Forschung heute meist in einsamen Gegenden statt, zum Beispiel an den beiden großen europäischen Sternwarten in Chile. Nicht alle Forscher müssen deshalb weit reisen, viele bekommen die Ergebnisse ihrer Messungen per E-Mail. In Chile kann nur der Südsternhimmel beobachtet werden. Für den Nordhimmel gibt es große Teleskope auf Hawaii und auf den Kanarischen Inseln.

Radioteleskope des VLA in Amerika

Radioteleskope „horchen" in den Weltraum, deshalb können sie auch am Tag und unter einer Wolkendecke messen – sie brauchen allerdings „Ruhe" vor einem Übermaß an Radiowellen von Handys, Radaranlagen oder Radiosendern. Deshalb stehen viele in Wüsten, oft werden sehr viele „Schüsseln" zusammengeschaltet: Das Very Large Array (VLA) im US-Bundesstaat New Mexico besteht aus 27 Einzelteleskopen mit je 25 Metern Durchmesser.

Keck-Sternwarte auf Hawaii

Die größten Sternwarten haben heutzutage oft mehrere Spiegel, die Keck-Sternwarte auf Hawaii hat zum Beispiel zwei Spiegel mit je zehn Metern Durchmesser. Durch das Zusammenschalten mehrerer Spiegel bekommen die Forscher schärfere Bilder. Das europäische Very Large Telescope (VLT) in Chile besteht aus vier Teleskopen mit Hauptspiegeln von jeweils 8,2 Metern Durchmesser.

Erstaunlich!

Die heutigen Großteleskope liegen nicht nur weit weg von Städten, in einsamen Gegenden oder auf Inseln – meist stehen sie auch noch auf einem Berg. Das Keck-Observatorium steht auf dem 4 200 Meter hohen Berg Mauna Kea: Dort droht Technikern und Forschern die Höhenkrankheit. Deshalb liegen ihre Quartiere auf halber Höhe. Auch das VLT auf 2 635 Metern Höhe macht den Forschern zu schaffen. Der Vorteil: So weit oben ist die Erdatmosphäre sehr dünn und stört die Beobachtungen kaum.

Das VLT steht in der Atacamawüste.

Satelliten

Über 800 aktive Satelliten umkreisen die Erde. Das bedeutet, dass du leicht einen findest. Selbst bei mäßigen Lichtverhältnissen fallen die mittelhellen Lichtpunkte auf, die wie ein Flugzeug über den Himmel ziehen, allerdings ohne zu blinken.

GPS-Satellit

Schau genau!

Sogenannte Iridium-Blitze sind selten, aber vielleicht hast du Glück und siehst einen. Sie sind so hell, dass immer wieder Bürger bei Polizei und Feuerwehr anrufen, weil sie meinen, ein Ufo gesehen zu haben. Sie entstehen, wenn das Sonnenlicht von einem Bauteil eines Iridium-Satelliten für wenige Sekunden sehr hell widergespiegelt wird.

Die niedrigsten Satelliten fliegen in einer Höhe ab 200 Kilometern. Die Iridium-Satelliten, die Telefonverbindungen zu jedem Punkt der Erde ermöglichen, kreisen schon 780 Kilometer hoch. Hat das Auto deiner Eltern ein Navi? Das funktioniert mit den Satelliten des Globalen Positionssystems (GPS). Wenn Satelliten 35 800 Kilometer hoch fliegen, umkreisen sie die Erde nur einmal pro Tag, sie scheinen deshalb am Himmel stillzustehen. Von solchen Satelliten kommt ein Teil der Fernsehprogramme, deshalb zeigen „Satellitenschüsseln" immer zum selben Punkt am Himmel.

Das Hubble-Weltraumteleskop

Autos auf dem Mars

Vier automatische Autos haben es bisher zum
Mars geschafft. Das größte heißt „Curiosity"
(engl.: Neugier). Es landete im Jahr
2012 auf dem Roten Planeten.
Die zehn Instrumente
an Bord sollen
klären, ob
früher einfache
Lebewesen wie
Bakterien auf dem
Mars existieren konnten.
Außerdem soll Curiosity
die Strahlung messen, denn
radioaktive Strahlung könnte
Astronauten gefährlich werden.

**Ganz schön groß ist
das Modell des Mars-
Rover Curiosity rechts im Bild.
Die älteren wie Spirit und Opportu-
nity (links) und Sojourner (Mitte)
waren deutlich kleiner.**

Die Marsautos, auch „Rover" genannt, wurden früher durch Solarzellen mit elektrischem Strom versorgt. Doch der rote Staub setzte sich
nach und nach auf ihnen ab und die Solarzellen konnten nicht mehr arbeiten.
Curiosity erzeugt den Strom deshalb durch eine
Atombatterie. Damit soll es länger
durchhalten als seine Vorgänger.

Wichtig zu wissen!

Neu bei Curiosity war die Methode,
mit der es auf dem Mars landete.
Das Marsauto ist zu schwer, um wie
seine Vorgänger nur durch Luftsäcke
geschützt auf die Marsoberfläche zu
fallen. Curiosity wurde deshalb kurz
über dem Boden aus einer Lande-
fähre mit einem Seil zur Marsoberfläche hinabgelassen.

**Der Mars-Rover Curiosity fotografierte
seine eigene Landestelle.**

Raumstation ISS

Auch die ISS kannst du beobachten. Sie bewegt sich als heller, gleichmäßig leuchtender Punkt von West nach Ost über den Sternenhimmel. Im Internet kannst du herausfinden, wann sie bei dir zu sehen ist: Unter www.heavens-above.com findest du zuerst die Längen- und Breitengrade deiner Stadt heraus und gibst diese dann in das ISS-Suchfenster ein. Diese Internetseite gibt es allerdings nur auf Englisch.

Wichtig zu wissen!

Essen in der Schwerelosigkeit ist kompliziert: Mensch und Mahlzeit müssen angeschnallt werden, alle Flüssigkeiten bleiben verpackt und werden per Strohhalm aufgesogen, auch Tee und Suppen. Da die ISS keinen Kühlschrank hat, sind die meisten Gerichte gefriergetrocknet. Frisches Obst gibt es nur, wenn ab und zu ein Raumtransporter oder eine Sojus-Kapsel vorbeischaut. Das Essen schmeckt also eher mäßig.

Die kanadische Astronautin Julie Payette schwebt durch das Columbus-Modul der ISS.

Die ISS fliegt in 350 Kilometern Höhe.

Ab 1998 bauten die USA, Russland und europäische Raumfahrtnationen diese Raumstation. Kanada, Japan und Brasilien sind auch dabei. Meistens arbeiten auf der ISS drei Astronauten. Die russischen Raumfahrer haben die größte Erfahrung. Während die Amerikaner zum Mond flogen, konstruierten sie bereits erste Stationen. Den Weltrekord im All-Leben mit 804 Tagen hält dann auch der Russe Sergei Krikaljow.

Weltraum-Berufe

Kontrollraum des Europäischen Space Operations Centre (ESOC) in Darmstadt

Die Antennen eines Wettersatelliten werden am Goddard Space Flight Center der NASA getestet.

Wenn du die schönen Bilder der ISS siehst, denkst du vielleicht: Ich werde Astronaut! Leider werden unter tausenden Bewerbern nur sehr wenige für diese Ausbildung zugelassen, und nicht alle davon fliegen ins All. Aber keine Bange: Es gibt zahllose interessante Berufe, die alle mit Raumfahrt zu tun haben! Hersteller von Satelliten oder Raketen brauchen Ingenieure, die zum Beispiel Maschinenbau oder Luft- und Raumfahrttechnik studiert haben. Auch für die Steuerung von Satelliten sind Ingenieure und Programmierer zuständig. Wer ferne Welten gerne wissenschaftlich erforschen möchte, studiert am besten Physik an einer Universität, die den Schwerpunkt Astronomie anbietet.

Allein in den USA arbeiten fast eine halbe Million Beschäftigte in der Luft- und Raumfahrtindustrie. Sie forschen und produzieren für die NASA, für Fluggesellschaften und das Militär. Bei dieser Zahl sind die Jobs in der Wissenschaft gar nicht mitgerechnet!

Wichtig zu wissen!

Im Bereich Raumfahrt sind sehr gute Englischkenntnisse Pflicht, weitere Sprachen wie Französisch oder Russisch sind hilfreich. Und es werden nicht nur Ingenieure gebraucht, auch Mediziner, Biologen oder Psychologen können sich auf Weltraumforschung spezialisieren.

Planetarien und Volkssternwarten

Viele Städte haben ein Planetarium und sogar in kleinen Orten gibt es Sternwarten – dort ist die Sicht besser als in Großstädten. Unter www.sternklar.de und „GAD" findest du Planetarien und Sternwarten in deiner Nähe, alphabetisch nach Ortsnamen sortiert. „Volkssternwarte" bedeutet einfach, dass jeder willkommen ist, im Gegensatz zu Forschungssternwarten, zu denen nur Wissenschaftler Zutritt haben.

Mach mit!

Die meisten Volks- oder Vereinssternwarten haben Programme für Kinder und Jugendliche. Die Beobachtung mit dem Fernrohr ist allerdings eher etwas für Jugendliche, denn im Sommer wird es sehr spät dunkel. Und wenn es wolkig ist, war das ganze Wachbleiben umsonst. Außerdem hilft es, wenn man schon weiß, welchen Stern in welchem Sternbild man gerade betrachtet. Also zunächst selbst die Sterne beobachten oder ins Planetarium gehen, dann erst in die Sternwarte.

In einem Planetarium kannst du mitten am Tag einen fantastischen Sternenhimmel sehen: Ein Projektor wirft Bilder der Sterne an eine große Kuppel. Dieser künstliche Sternenhimmel kann schneller vorbeiziehen als in Wirklichkeit und man kann andere Orte oder ein anderes Datum eingeben. So lernt der Zuschauer in kurzer Zeit viel über die Sterne. Die meisten Planetarien bieten Kinderprogramme sowie Vorführungen für Schulklassen an: ein sehr guter Einstieg in die Sternenkunde.

Lasershow im Planetarium Hamburg

Das Planetarium Hamburg in einem ehemaligen Wasserturm

Starkenburg-Sternwarte

Die meisten Sternwarten in Deutschland werden heute nicht mehr zur Forschung genutzt, sondern arbeiten als Volkssternwarten: Ihre Aufgabe ist es, das Wissen über die Sterne und das Weltall zu vermitteln, und zwar durch verständliche Vorträge, Führungen und Workshops. Astronomische Forschung findet heute in abgelegenen Gegenden in großer Höhe statt (Seite 68). Der Begriff „Volkssternwarte" bedeutet jedoch nicht, dass hier nichts mehr entdeckt wird. Gerade bei der Entdeckung von Kleinplaneten oder bei der Beobachtung veränderlicher Sterne leisten Amateure einen wichtigen Beitrag zur Forschung. So haben die Amateurastronomen an der Starkenburg-Sternwarte in Heppenheim (Hessen) innerhalb von sechs Jahren 50 Kleinplaneten entdeckt.

Erstaunlich!

Wie bekommt ein Kleinplanet oder Asteroid eigentlich seinen Namen? Zunächst hat der Kleinplanet einen vorläufigen Namen, bis seine Umlaufbahn ermittelt ist. Danach darf der Entdecker einen Vorschlag bei der International Astronomical Union (IAU) einreichen. Der deutsche Astrophysiker und Fernsehmoderator Harald Lesch staunte nicht schlecht, als er hörte, dass ein 1997 entdeckter Asteroid jetzt „Haraldlesch" heißt! Der Entdecker an der Starkenburg-Sternwarte hatte seinen Namen vorgeschlagen.

Der Ingenieur Rainer Kresken ist Vorsitzender der Amateur-Sternwarte in Heppenheim.

Bevor es losgeht

Das Wichtigste ist, dass du einen geeigneten Platz für deine Beobachtungen findest. Du solltest von dort aus möglichst viel Himmel sehen. Vermeide die Nähe von Straßenlaternen oder Gartenleuchten mit ihrem „Störlicht". Vollmondnächte sind ebenfalls ungeeignet, weil der Mond dann zu hell strahlt. Gut ist ein abnehmender Mond am Himmel, denn er geht erst spät auf. Ideal ist natürlich Neumond.

Mit seinen drei Deichselsternen steht hier der Große Wagen senkrecht am Himmel.

Außerdem sollte die Nacht klar sein. Selbst wenige Wolken können gerade diejenigen Sterne verdecken, die für deine Orientierung am Himmel wichtig sind. Am besten ist ein freier Blick nach Süden, denn alle Sternbilder haben dort ihren höchsten Stand.

Wenn du die Wohnung verlässt, um Sterne zu beobachten, musst du ein paar Dinge mitnehmen, weil es auch im Sommer nachts kalt werden kann: Eine warme Jacke darf nie fehlen. Im Herbst, Winter oder Frühjahr sind warme Schuhe, Mütze und Handschuhe dringend notwendig, ebenso eine Thermoskanne mit heißem Tee. Ein paar Kekse zum Knabbern bringen neue Energie. Und natürlich solltest du dieses Buch nicht vergessen! Sicher musst du ab und zu im Buch etwas nachschlagen. Dann ist es gut, wenn du eine Taschenlampe dabeihast. Dunkle ihr Licht mit etwas Butterbrotpapier oder einem roten Luftballon ab, damit sie dich nicht blendet. Eines gilt außerdem immer: Gehe nie allein zum Sternegucken von zu Hause weg!

Schnell wirst du merken, dass sich die Augen an die Dunkelheit gewöhnen – das nennt man „Nachtsicht". Dabei weiten sich die Pupillen so stark, dass man auch ganz schwach leuchtende Sterne sehen kann. Wenn jetzt allerdings ein Auto vorbeikommt und du in seine Scheinwerfer schaust, ziehen sich die Pupillen blitzschnell wieder zusammen und deine Nachtsicht ist minutenlang weg. Also vermeide den Blick in helles Licht. Das Licht einer Straßenlaterne kann man mit der Hand oder einer Baseballmütze abschirmen.

Für eine erste Orientierung am Himmel reicht es, wenn du aufmerksam mit bloßem Auge beobachtest. Ohne Hilfsmittel kannst du bei guter Sicht immerhin 2,5 Millionen Lichtjahre weit sehen! So weit ist der Andromedanebel von der Erde entfernt (siehe Seite 15). Schwach leuchtende Sterne sind übrigens meist weder klein noch dunkel, sie sind oft nur sehr weit weg. Viele davon sind heller als unsere Sonne!

Orion am Nachthimmel

Ganz entspannt und bequem in der idealen Beobachtungsposition

Wenn du ein Fernglas hast, dann nimm es mit. Es wird dir manche Beobachtung erleichtern. Ein Fernrohr (Teleskop) zu benutzen, ist erst sinnvoll, wenn man sich am Sternenhimmel schon etwas auskennt, sonst weiß man nicht, was man gerade sieht.

Wichtig zu wissen!

Um schwache Sterne besser zu sehen, hilft ein normales Fernglas, das es in den meisten Haushalten gibt. Falls du dir ein Fernglas oder Fernrohr zur Sternbeobachtung wünschen oder kaufen willst: Achte darauf, dass die Öffnung möglichst groß ist. Wenn auf dem Fernglas „7 x 50" steht, bedeutet das: „7-fache Vergrößerung, Öffnung des Objektivs beträgt 50 mm". Für die Himmelsbeobachtung ist eine große Öffnung wichtiger als die Vergrößerung. Sehr kleine Ferngläser mit 21 mm Öffnung sind ungeeignet.

Für Anfänger ist ein Linsenteleskop (auch Refraktor genannt) mit 5 bis 6 Zentimetern Öffnung ausreichend. Das gibt es schon in vielen Kaufhäusern. In den letzten Jahren wurden sogenannten Dobson-Teleskope beliebt. Diese Spiegelteleskope (Reflektoren) sind leicht zu handhaben und haben Öffnungen ab 15 Zentimetern.

Schau genau!

Bei vielen astronomischen Fernrohren stehen die Bilder auf dem Kopf. Für deine Beobachtungen am Himmel ist das nicht so störend. Wenn du sie aber für Erdbeobachtungen benutzt, brauchst du zusätzlich einen kleinen Spiegel, der das Fernrohrbild aufrichtet.

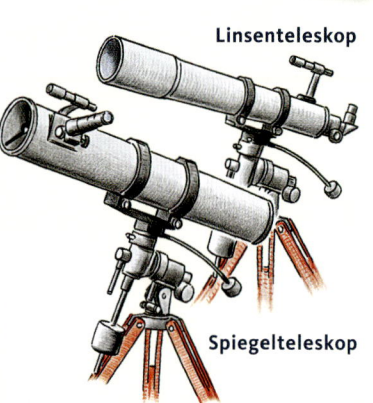

Linsenteleskop

Spiegelteleskop

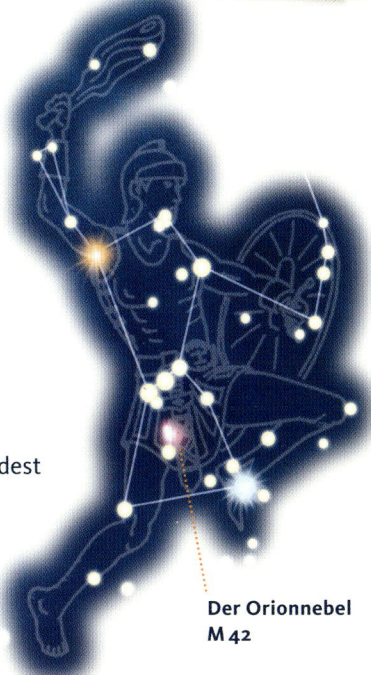

Der Orionnebel M 42

Für die erste Orientierung am Himmel findest du im folgenden Kapitel zwei Übersichtskarten, eine für den Winter- und eine für den Sommersternhimmel: So siehst du auf einen Blick, wie die Sternbilder, die du aus diesem Buch kennst, am Himmel zueinanderstehen. Wenn du die Sternbilder gefunden hast, wirst du auch noch weitere Himmelsobjekte entdecken, zum Beispiel Doppelsterne, Sternhaufen und Nebel. Im Kapitel „Für Wissbegierige" kannst du über diese fernen Welten eine Menge nachlesen. Die abgebildeten Fotos dieser Objekte sind meist Profiaufnahmen, die man mit der normalen Ausrüstung eigentlich nicht hinkriegt.

Doch auch tagsüber oder bei bedecktem Himmel oder Regen kannst du dich mit den Themen Weltall oder Raumfahrt beschäftigen: In den folgenden Kapiteln wirst du die Schwerkraft auf den verschiedenen Planeten nachempfinden, Kohlendioxid selbst herstellen oder eine Rakete bauen, die durchs Zimmer saust.

Jetzt wünschen wir dir viel Spaß in der Sternennacht!

Beobachte den Wintersternhimmel!

Das Sternbild Orion (Seite 18) kannst du gut erkennen, es ist den ganzen Winter über zu sehen. Seine Gürtelsterne zeigen auf den hellen Sirius im Großen Hund (Seite 20). Rechts oberhalb von Orion findest du den Stier (Seite 24): Wenn du ihn einmal gesehen hast, vergisst du ihn so schnell nicht wieder, vor allem die schönen Plejaden und Hyaden nicht. Oberhalb des Stiers, Richtung Polarstern, steht die helle Kapella im Fuhrmann (Seite 23). Links davon sind die beiden gleich hellen Zwillingssterne Kastor und

Pollux zu sehen, darunter Prokyon im Kleinen Hund. Die Hauptsterne dieser sechs Sternbilder bilden das „Wintersechseck". Links von dieser Gruppe steht das dunkle Sternbild Krebs, dann kommt der schöne Löwe (Seite 32).

Solltest du das Wintersechseck mithilfe des Orion nicht finden, kannst du auf der linken Seite der Kassiopeia nach Perseus suchen: einer kleinen, gebogenen Linie aus mehreren gut sichtbaren Sternen (Seite 17). Links neben Perseus steht der Fuhrmann, darunter der Stier: Auch auf diesem Weg findest du die Wintersternbilder.

Beobachte den Sommersternhimmel!

Sterne zu beobachten könnte im Sommer so schön sein, ganz ohne
Frieren – wenn es nur früher und länger dunkel wäre! Immerhin gibt es
das schöne, gut sichtbare „Sommerdreieck" als Entschädigung, das du den
ganzen Sommer über und bis in den Herbst hinein hoch am Himmel sehen
kannst – mit den drei Hauptsternen Deneb im Schwan (Seite 26), Atair
im Adler (Seite 28) und Wega in der Leier (Seite 27). Das Sommerdreieck
kannst du leichter finden als das Wintersechseck, weil es nur aus drei

Sternen besteht und kleiner ist. Zwei Sterne des Sommerdreiecks steigen im Sommer sehr hoch, sie können sogar fast genau über dir stehen: Wega und Deneb. Deneb heißt „Schwanz" auf Arabisch, also der Schwanz des Schwans. Der Schwan sieht aus wie ein Kreuz mit sehr langen „Armen", das kopfüber nach unten stürzt, Deneb steht am oberen kurzen Ende. Wega ist ein heller Stern in dem kleinen, rautenförmigen Sternbild Leier. Der Adler befindet sich etwas tiefer als die beiden anderen Sternbilder und hat eine ähnliche Form wie der Schwan, nur ist er kleiner.

Die Mondtäuschung

Wenn der Vollmond abends aufgeht, steht er scheinbar riesengroß am Horizont. Später am Abend, wenn er höher steht, wirkt er kleiner. Verändert der Mond wirklich seine sichtbare Größe? Um diese Frage zu klären, musst du an einem klaren Vollmondabend Richtung Osten schauen, am besten im Herbst oder Winter, wenn der Vollmond früh am Abend aufgeht.

Schau genau!

Die Mondtäuschung ist eine optische Täuschung. Der Mond ist immer gleich groß, egal, ob er über dem Horizont steht oder hoch am Himmel. Der falsche Eindruck entsteht im Gehirn des Betrachters. Wie das geht, weiß man nicht so genau.

Mach mit!

Du brauchst:
1-Cent- bis 50-Cent-Münzen

So geht's:
- Ist der Mond gerade aufgegangen, streckst du deinen Arm aus und hältst zum Größenvergleich eine Münze neben den Mond: Welche Münze entspricht der Mondgröße am besten? Merke dir diese Münze. Am besten machst du auch ein Foto des Mondes mit maximalem Zoom. Später musst du diese Foto-Einstellung genau so wiederholen.
- Warte zwei oder drei Stunden, bis der Mond hoch am Himmel steht, dann wiederhole beide Versuche: „Miss" die Größe des Mondes mithilfe der Münze und mache wieder ein Foto mit dem gleichen Zoom-Wert wie vorher. Du wirst sehen: Der Mond ist immer gleich groß.

Der Mond erscheint am Horizont besonders groß.

Sterne mit eigenen Planeten

Planeten, die andere Sterne umkreisen, können wir als Amateurastronomen leider nicht beobachten. Aber wir können die Sterne beobachten, von denen die Forschung weiß, dass sie Planeten haben – und uns diese fremden Welten vorstellen. Auch wenn die bislang gefundenen Planeten meist Gasriesen wie Jupiter sind, gehen die Forscher davon aus, dass die meisten gefundenen Planeten nicht allein unterwegs sind, sondern „Geschwister" in Erdgröße oder kleiner haben. Denke also daran, wenn du dein Fernglas auf einen dieser Sterne richtest: Vielleicht sieht gerade zur gleichen Zeit ein fremdes Wesen aus dem All zu dir herunter!

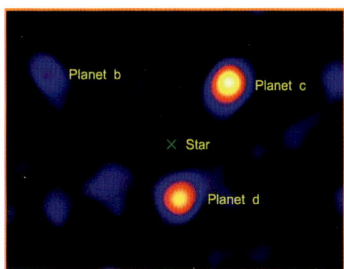

Nur selten gelingt es, fremde Planeten zu fotografieren. Die drei Planeten auf diesem Foto umkreisen den Stern HR8799 (hier als „x" gekennzeichnet).

Hamal ist der hellste Stern im Sternbild Widder (Seite 35). Der Riesenstern mit dem 15-fachen Sonnendurchmesser ist 66 Lichtjahre von uns entfernt. Ein Planet mit doppelter Jupitergröße umkreist ihn in 381 Tagen ungefähr im Abstand Erde-Sonne.

Pollux, der linke Hauptstern der Zwillinge (Seite 22), ist ein Riesenstern mit dem neunfachen Sonnendurchmesser und über 33 Lichtjahre von der Erde entfernt. 2006 wurde ein Planet entdeckt, der mehr als doppelt so groß ist wie Jupiter. Er umkreist Pollux im 1,6-fachen Abstand wie der Abstand zwischen Erde und Sonne. Dafür braucht er 590 Tage.

Und so stellen Forscher sich die Planeten um den Stern HR8799 vor.

Die Schwerkraft der Planeten

Nimm einen Gegenstand und lasse ihn los: Er fällt nach unten. Weil alle Körper eine Masse haben, werden sie von der Erdmasse angezogen – das nennt man Schwerkraft. Auf manchen Planeten unseres Sonnensystems ist die Schwerkraft schwächer, auf anderen stärker. Wenn du erfahren willst, wie schwer ein Erd-Kilogramm auf dem jeweiligen Planeten oder dem Erdmond ist, musst du ein Experiment machen.

Mach mit!

Du brauchst:
9 kleine Plastikbeutel, mindestens 9 kg Sand, Küchenwaage (bis 3 kg).

So geht's:
- Schreibe mit einem wasserfesten Stift jeweils einen Namen der neun Himmelskörper auf je eine Tüte.
- Fülle dann die in der Tabelle angegebene Menge Sand ein.
- Hebe die Tüten hoch und vergleiche. Merkst du, wie unterschiedlich schwer ein Erd-Kilogramm auf den verschiedenen Planeten oder dem Mond ist?

Himmels-körper	abzuwiegende Masse
Merkur	377 g
Venus	904 g
Erde	1 kg
Mars	376 g
Jupiter	2,528 kg
Saturn	1,065 kg
Uranus	904 g
Neptun	1,137 kg
Mond	165 g

Auch du hast ein Gewicht, weil unsere Erde dich anzieht. Auf dem Mars wärst du leichter, auf dem Jupiter dagegen viel schwerer. Berechne dein eigenes Gewicht an den verschiedenen Orten im Sonnensystem.

Die Planeten unseres Sonnensystems (Zeichnung)

Himmels-körper	Fallbe-schleuni-gung a	dein Gewicht M
Merkur	3,7	
Venus	8,87	
Erde	g = 9,81	G =
Mars	3,69	
Jupiter	24,79	
Saturn	10,44	
Uranus	8,87	
Neptun	11,15	
Mond	1,62	

Mach mit!

Du brauchst:
Fußwaage, Taschenrechner, Blatt Papier, Stift

So geht's:
- Trage dein Gewicht G in der letzten Spalte bei „Erde" ein.
- Nimm den Taschenrechner und setze die richtigen Zahlen in folgende Formel ein: M = G × a ÷ g
  a = Fallbeschleunigung für den jeweiligen Himmelskörper
  g = 9,81 Fallbeschleunigung auf der Erde. Achtung: Nicht mit Abkürzung für „Gramm" verwechseln!
- Wo glaubst du, bist du leichter, auf dem Jupiter oder auf dem Erdmond?

Antwort: auf dem Erdmond

Ein Lagerfeuer auf dem Mars?

Die Atmosphäre der Venus besteht fast nur aus Kohlendioxid, die Mars-Luft zu über 95 Prozent. Während die Venusoberfläche kochend heiß ist, herrschen auf dem Mars eher eisige Temperaturen – könnte man dort eine Kerze oder ein Lagerfeuer anzünden?

Um diese Frage zu klären, werden wir die Bedingungen, die auf der Marsoberfläche herrschen, nachstellen. Dazu brauchen wir Kohlendioxid, den Hauptbestandteil der Marsluft. Das Lagerfeuer soll eine brennende Kerze sein. Der Versuch funktioniert am besten, wenn ihr zu zweit seid. Sprich dich mit deinem Freund oder deiner Freundin ab, wer welchen Versuchsteil übernimmt. Lasst euch bei der Kerze auf alle Fälle von einem Erwachsenen helfen. Und dann – auf zum Mars!

Mach mit!

Du brauchst:
Backpulver, Zitronensaft, Teelöffel, kleinen Trichter, saubere Plastikflasche, großen Luftballon, Schälchen oder breites Glas, Teelicht, Streichhölzer oder Feuerzeug

So geht's:
❶ Mit dem Trichter füllst du zwei gehäufte Teelöffel Backpulver in die Flasche, danach mindestens genauso viel Zitronensaft.

Wichtig zu wissen!

Kohlendioxid entsteht auf der Erde massenhaft bei unzähligen Verbrennungsprozessen. Jede Öl- oder Gasheizung, jedes Kohle- oder Gaskraftwerk und jedes Auto produziert Kohlendioxid und „heizt" damit unser Klima auf: Kohlendioxid ist ein Treibhausgas. Es gibt viele Möglichkeiten, den Anstieg des Kohlendioxid-Ausstoßes zu bremsen, zum Beispiel indem man einfach versucht, weniger Energie zu verbrauchen.

2 Einer von euch stülpt schnell den Ballon über den Flaschenhals, um das entweichende Kohlendioxid aufzufangen. Der andere hält dabei die Flasche fest. Dann schwenkt ihr die Flasche hin und her. Hört das Gemisch auf zu schäumen, nehmt ihr den Ballon wieder ab und haltet ihn fest zu.

3 Lasst euch nun von einem Erwachsenen das Teelicht anzünden und in das Schälchen oder das Glas setzen. Jetzt hält man den Ballon vorsichtig über das Glas und lässt langsam das Kohlendioxid hineinströmen: Die Kerzenflamme erlischt.

Was passiert? Das Kohlendioxid ist schwerer als Luft und verdrängt die sauerstoffhaltige Luft rings um die Kerze. Ohne Sauerstoff kann keine Verbrennung stattfinden – die Flamme erlischt.

Ist es auf dem Mars auch noch so kalt, ein Feuerchen zum Wärmen kann dort also kein Astronaut anzünden!

Raketenbau

Alle Raketen arbeiten nach dem Rückstoßprinzip –
das gilt auch für unsere Luftballon-Rakete.
Deshalb ist es auch nicht schwierig,
eine eigene kleine Rakete zu
bauen, die schnell durch
den Raum flitzen kann.
Wie es geht, steht im
„Mach mit"-Kasten.

Mach mit!

Du brauchst:
lange, feste Schnur, dicken
Strohhalm, großen Luftballon, Klebeband, Wäscheklammer oder Draht-
verschluss für Gefrierbeutel, Schere,
Toilettenpapierrolle, Alufolie,
farbiges Papier

So geht's:
- Fädle zuerst den Strohhalm auf die
  Schnur auf.
- Spanne diese dann straff durch den
  Raum. Befestige sie dazu möglichst
  waagerecht an stabilen Möbel-
  stücken.
- Blase den Luftballon auf und ver-
  schließe ihn mit einem Draht oder
  einer Wäscheklammer. Achtung:
  Den Luftballon nicht zuknoten!
- Jetzt klebst du den Luftballon mit
  Klebeband am Strohhalm fest und
  zwar mit dem Verschluss entgegen
  der „Flugrichtung".
- Löse jetzt den Draht oder die Klam-
  mer – die „Rakete" rast entlang der
  Schnur durchs Zimmer.

Hier eine Auswahl an
Materialien für den
gesamten Raketenbau

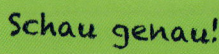

Schau genau!

Experimentiere auch mit verschiedenen Luftballons, mit großen und
kleinen, mit stark oder schwach
aufgeblasenen. Welche Rakete
fliegt am weitesten? Als Nächstes kannst du die Schnur schräg
spannen. Was passiert? Auf dem
Weg nach oben muss sie gegen die
Schwerkraft kämpfen. Sie wird
eine kürzere Strecke fliegen.

Wenn es richtig toll aussehen soll, dann konstruierst du dazu eine schnittige Rakete. Dazu brauchst du jetzt die Schere, die Toilettenpapierrolle, Alufolie und farbiges Papier. Aus Papier bastelst du die Kapsel vorn und die Antriebsstrahlen. Die Rolle wird mit Alufolie oder Papier beklebt. Jetzt befestigst du die Rakete unten am Luftballon. So fliegt der Luftballon sogar stabiler. Du kannst die Rakete mit ausgeschnittenen Sternen oder Streifen verzieren. Besonders schön werden die Luftballon-Raketen, wenn man bunte Ballons benutzt oder die Ballons bemalt.

Aus einem kreisrunden Stück Pappe wird die Kapsel vorn geformt.

Die Toilettenpapierrolle wird mit farbigem Papier beklebt.

Der Countdown beginnt.

Wichtig zu wissen!

Bei einer echten Rakete werden große Mengen Gas schnell nach hinten ausgestoßen. Dieses Gas entsteht bei der Verbrennung des Treibstoffs. Während die Gasmengen aus dem Triebwerk schießen, wird die Rakete nach vorn beschleunigt – ganz ähnlich wie deine Ballon-Rakete, wenn die Luft nach hinten entweicht. Das nennt man wie gesagt Rückstoßprinzip und funktioniert auch im luftleeren Raum, im All.

Schnelle Suche mit Stichwörtern

Spannende Reisen in die Natur

Justina Engelmann
Mein erstes Unterwegs zum Sternegucken
96 S., ca. 300 Abb., €/D 14,99

Mit Sternkarte und nachtleuchtenden Stickern

Den großen Wagen kennt jeder, aber weißt du auch, wo der Orion am Himmel steht? Mit der drehbaren Sternkarte lassen sich die Sternbilder mühelos entdecken und auf den Entdeckerseiten eintragen. Extraseiten bieten jede Menge einprägsames Zusatzwissen für kleine Hobbyastronomen.

Ilka Sokolowski
Mein erstes Mit Lupe und Fernglas unterwegs
96 S., ca. 200 Abb., €/D 12,95

Die Natur hat viele Geheimnisse. Hast du dir schon mal einen Grashüpfer aus der Nähe angeschaut? Es gibt so vieles zu entdecken, wenn du mit Lupe oder Fernglas unterwegs bist. 50 Tiere und Pflanzen werden dir hier vorgestellt. Wo du sie findest, wie du sie am besten beobachten kannst und was du alles über sie wissen musst – bei deiner Erlebnistour in der Natur bleibt keine Frage offen.

Unser Sonnensystem

Merkur

Venus

Erde

Mars

Jupiter

Sonne

Merkur, Venus, Erde, Mars

Asteroiden

Jupiter

Saturn